L'ORPHELIN DE LA CHINE,

TRAGEDIE.

Représentée pour la premiére fois à Paris le 20. Août 1755.

PORREIDON
DE LA CHINE
TRAGÉDIE

Représentée pour la première fois le
[illegible]

A MONSEIGNEUR
LE MARECHAL
DUC DE RICHELIEU,

PAIR DE FRANCE, PREMIER GENTIL-HOMME DE LA CHAMBRE DU ROI, COMMANDANT EN LANGUEDOC, L'UN DES QUARANTE DE L'ACADEMIE.

JE voudrais, Monseigneur, vous présenter de beau marbre comme les Génois, & je n'ai que des figures Chinoises à vous offrir. Ce petit ouvrage ne paraît pas fait pour vous. Il n'y a aucun Héros dans cette piéce qui ait réuni tous les suffrages par les agréments de son esprit, ni qui ait soutenu une République prête à succomber, ni qui ait imaginé de renverser une colonne Anglaise avec quatre canons. Je sens mieux que personne le peu que je vous offre; mais tout se pardonne à un attachement de quarante années. On dira peut-être, qu'au pied des Alpes, & vis-à-vis des neiges éternelles, où je me suis retiré, & où je devais n'être que Philosophe, j'ai succombé à la vanité d'imprimer que ce qu'il y a eu de plus brillant sur les bords de la Seine ne m'a jamais oublié; cependant je n'ai consulté que mon cœur; il me conduit seul; il a toujours inspiré mes actions, & mes paroles; il se trompe quelquefois, vous le savez; mais ce n'est pas après des épreuves si longues. Permettez donc que, si cette faible Tragédie peut durer quelque tems après moi, on sache que l'Auteur ne vous a pas été indifférent; permettez qu'on aprenne, que si vôtre Oncle fonda les beaux Arts en France, vous les avez soutenus dans leur décadence.

L'idée de cette Tragédie me vint, il y a quelque tems, à la lecture de *l'Orphelin de Tchao*, Tragédie Chinoise traduite par le pére *Brémare*, qu'on trouve dans le recueil que le Pére *Du Halde* a donné au public. Cette piéce Chinoise fut composée au quatorziéme siécle, sous la Dynastie même de *Gengis-Kan*. C'est une nouvelle preuve que les vainqueurs Tartares ne changèrent point les mœurs de la Nation vaincue; ils protegèrent tous les Arts établis à la Chine; ils adoptèrent toutes ses Loix.

Voila un grand exemple de la supériorité naturelle, que donnent la raison & le génie sur la force aveugle & barbare: & les Tartares ont deux fois donné cet exemple. Car lorsqu'ils ont conquis encor ce grand Empire au commencement du siécle passé, ils se sont soumis une seconde fois à la sagesse des vaincus: & les

deux

(Prémare)

EPITRE

deux peuples n'ont formé qu'une Nation gouvernée par les plus anciennes Loix du monde : évenement frapant, qui a été le premier but de mon ouvrage.

La Tragédie Chinoise qui porte le nom de *l'Orphelin*, est tirée d'un recueil immense des piéces de Théatre de cette Nation. Elle cultivait depuis plus de trois mille ans cet Art, inventé un peu plus tard par les Grecs, de faire des portraits vivants des actions des hommes, & d'établir de ces écoles de morale, où l'on enseigne la vertu en action & en dialogues. Le Poeme Dramatique ne fut donc longtems en honneur, que dans ce vaste pays de la Chine, séparé & ignoré du reste du Monde, & dans la seule ville d'Athènes. Rome ne le cultiva qu'au bout de quatre cent années. Si vous le cherchez chez les Perses, chez les Indiens, qui passent pour des peuples inventeurs, vous ne l'y trouvez pas ; il n'y est jamais parvenu. L'Asie se contentait des fables de *Pilpay* & de *Lokman*, qui renferment toute la Morale, & qui instruisent en allégories toutes les Nations & tous les siécles.

Il semble qu'après avoir fait parler les animaux, il n'y eût qu'un pas à faire pour faire parler les hommes, pour les introduire sur la scène, pour former l'Art Dramatique : cependant ces Peuples ingénieux ne s'en aviserent jamais. On doit inférer de là, que les Chinois, les Grecs, & les Romains, sont les seuls peuples anciens, qui ayent connu le véritable esprit de la societé. Rien, en effet, ne rend les hommes plus sociables, n'a-

*3   doucit

doucit plus leurs mœurs, ne perfectionne plus leur raison, que de les rassembler, pour leur faire gouter ensemble les plaisirs purs de l'esprit. Aussi nous voyons qu'à peine *Pierre le Grand* eut policé la Russie, & bâti Petersbourg, que les Théatres s'y sont établis. Plus l'Allemagne s'est perfectionnée, & plus nous l'avons vue adopter nos spectacles. Le peu de pays où ils n'étaient pas reçus dans le siécle passé n'étaient pas mis au rang des pays civilisés.

L'Orphelin de Tchao est un monument précieux, qui sert plus à faire connaître l'esprit de la Chine que toutes les rélations qu'on a faites, & qu'on fera jamais de ce vaste Empire. Il est vrai que cette piéce est toute barbare, en comparaison des bons ouvrages de nos jours; mais aussi c'est un Chef-d'œuvre, si on le compare à nos piéces du quatorziéme siécle. Certainement nos *Troubadours*, notre *Bazoche*, la societé des *Enfans sans souci*, & de la *Mére-sotte*, n'approchaient pas de l'Auteur Chinois. Il faut encor remarquer, que cette piéce est écrite dans la langue des Mandarins, qui n'a point changé, & qu'à peine entendons-nous la langue qu'on parlait du tems de *Louis XII.* & de *Charles VIII.*

On ne peut comparer *l'Orphelin de Tchao* qu'aux Tragédies Anglaises & Espagnoles du dix-septiéme siécle, qui ne laissent pas encor de plaire au delà des Pirenées & de la Mer. L'action de la piéce Chinoise dure vingt-cinq ans, comme dans les farces monstrueuses de *Shakespéar* & de *Lope de Véga*, qu'on a nommé Tragédies ; c'est un entassement

taſſement d'événements incroyables. L'ennemi de la Maiſon de *Tchao* veut d'abord en faire périr le Chef, en lâchant ſur lui un gros dogue, qu'il fait croire être doué de l'inſtinct de découvrir les criminels, comme *Jacques Aimar* parmi nous devinait les voleurs par ſa baguette. Enſuite il ſuppoſe un ordre de l'Empereur, & envoye à ſon ennemi *Tchao* une corde, du poiſon, & un poignard; *Tchao* chante, ſelon l'uſage, & ſe coupe la gorge, en vertu de l'obéiſſance que tout homme ſur la Terre doit de droit divin à un Empereur de la Chine. Le perſécuteur fait mourir trois cent perſonnes de la Maiſon de *Tchao*. La Princeſſe veuve accouche de l'Orphelin. On dérobe cet enfant à la fureur de celui qui a exterminé toute la Maiſon, & qui veut encor faire périr au berceau le ſeul qui reſte. Cet exterminateur ordonne qu'on égorge dans les villages d'alentour tous les enfans, afin que l'Orphelin ſoit envelopé dans la deſtruction générale.

On croit lire les mille & une nuit en action & en ſcènes: mais malgré l'incroyable, il y régne de l'intérêt; & malgré la foule des événements, tout eſt de la clarté la plus lumineuſe: ce ſont là deux grands mérites en tout tems & chez toutes Nations; & ce mérite manque à beaucoup de nos piéces modernes. Il eſt vrai que la piéce Chinoiſe n'a pas d'autre beautés: unité de tems & d'action, dévelopement de ſentiments, peinture des mœurs, éloquence, raiſon, paſſion, tout lui manque; & cependant,

pendant, comme je l'ai déja dit, l'ouvrage est supérieur à tout ce que nous faisions alors.

Comment les Chinois, qui au quatorzième siécle, & si longtems auparavant, savaient faire de meilleurs Poëmes Dramatiques que tous les Européans *, sont-ils restés toujours dans l'enfance grossiére de l'Art, tandis qu'à force de soins & de tems nôtre Nation est parvenue à produire environ une douzaine de piéces, qui, si elles ne sont pas parfaites, sont pourtant fort au-dessus de tout ce que le reste de la Terre a jamais produit en ce genre. Les Chinois, comme les autres Asiatiques, sont demeurés aux premiers éléments de la Poësie de l'Eloquence, de la Physique, de l'Astronomie, de la Peinture, connus par eux si longtems avant nous. Il leur a été donné de commencer en tout plûtôt que les autres Peuples, pour ne faire ensuite aucun progrès. Ils ont ressemblé aux anciens Egyptiens, qui ayant d'abord enseigné les Grecs, finirent par n'être pas capables d'être leurs disciples.

Ces Chinois chez qui nous avons voyagé à travers tant de périls, ces Peuples de qui nous avons obtenu avec tant de peine la permission de leur aporter l'argent de l'Europe, & de venir les instruire, ne savent pas encor à quel point nous leur sommes supérieurs;

ils

---

* Le Pére *du Halde*, tous les Auteurs des lettres édifiantes, tous les voyageurs, ont toujours écrit *Européans*, & ce n'est que depuis quelques années qu'on s'est avisé d'imprimer *Européens*.

EPITRE.

ils ne font pas affez avancés, pour ofer feulement vouloir nous imiter. Nous avons puifé dans leur Hiftoire des fujets de Tragédie, & ils ignorent fi nous avons une Hiftoire.

Le célèbre Abbé *Métaftafio* a pris pour fujet d'un de fes Poëmes Dramatiques le même fujet à peu près que moi, c'eft-à-dire, un Orphelin échapé au carnage de fa Maifon, & il a puifé cette avanture dans une Dynaftie qui régnait neuf cent ans avant nôtre Ere.

La Tragédie Chinoife de *l'Orphelin de Tchao* eft tout un autre fujet. J'en ai choifi un tout différent encor des deux autres, & qui ne leur reffemble que par le nom. Je me fuis arrêté à la grande époque de *Gengis-Kan*, & j'ai voulu peindre les mœurs des Tartares & des Chinois. Les avantures les plus intéreffantes ne font rien, quand elles ne peignent pas les mœurs; & cette peinture, qui eft un des grands fecrets de l'Art, n'eft encor qu'un amufement frivole, quand elle n'infpire pas la vertu.

J'ofe dire, que depuis la *Henriade* jufqu'à *Zaïre*, & jufqu'à cette piéce Chinoife, bonne, ou mauvaife, tel a été toujours le principe qui m'a infpiré, & que dans l'hiftoire du fiécle de *Louis XIV*. J'ai célébré mon Roi & ma patrie fans flater ni l'un ni l'autre. C'eft dans un tel travail que j'ai confumé plus de quarante années. Mais voici ce que dit un Auteur Chinois, traduit en Efpagnol par le célèbre *Navarette*.

,, Si tu compofes quelque ouvrage, ne le montre
,, qu'à

ÉPITRE.

„ qu'à tes amis ; crains le public, & tes confréres ; car
„ on falsifiera, on empoisonnera ce que tu auras fait,
„ & on t'imputera ce que tu n'auras pas fait. La calom-
„ nie, qui a cent trompettes, les fera sonner pour te
„ perdre, tandis que la vérité qui est muette restera au-
„ près de toi. Le célèbre *Ming* fut accusé d'avoir mal
„ pensé du *Tien* & du *Li*, & de l'Empereur *Vang*. On
„ trouva le vieillard moribond qui achevait le pané-
„ gyrique de *Vang*, & un hymne au *Tien*, & au
„ *Li* ; &c.

L'OR-

L'ORPHELIN DE LA CHINE, TRAGEDIE.

PERSONNAGES.

GENGIS-KAN, Empereur Tartare.
OCTAR, }
OSMAN, } Guerriers Tartares.
ZAMTI, Mandarin Lettré.
IDAMÉ, femme de Zamti.
ASSELI, attachée à Idamé.
ETAN, attaché à Zamti.

La Scène est dans un Palais des Mandarins qui tient au Palais Impérial, dans la ville de Cambalu, aujourdhui Pé-kin.

L'ORPHELIN
DE LA CHINE,
TRAGEDIE.

ACTE PREMIER.

SCENE I.
IDAMÉ, ASSÉLI.

IDAMÉ.

SE peut-il qu'en ce tems de désolation,
En ce jour de carnage & de destruction,
Quand ce Palais sanglant ouvert à des Tartares,
Tombe avec l'Univers sous ces Peuples barbares ;
Dans cet amas affreux de publiques horreurs,
Il soit encor pour moi de nouvelles douleurs ?

ASSÉLI.
Eh, qui n'éprouve, hélas, dans la perte commune,

A Les

Les tristes sentiments de sa propre infortune ?
Qui de nous vers le Ciel n'élève pas ses cris
Pour les jours d'un époux, ou d'un pére, ou d'un fils ?
Dans cette vaste enceinte, au Tartare inconnuë,
Où le Roi dérobait à la publique vuë
Ce peuple désarmé de paisibles mortels,
Interprétes des Loix, Ministres des Autels,
Vieillards, femmes, enfants, troupeau faible & timide,
Dont n'a point approché cette guerre homicide,
Nous ignorons encor à quelle atrocité
Le vainqueur insolent porte sa cruauté.
Nous entendons gronder la foudre & les tempêtes.
Le dernier coup approche, & vient fraper nos têtes.

IDAMÉ.

O fortune ! ô pouvoir au-dessus de l'humain !
Chére & triste Asséli, sais-tu quelle est la main,
Qui du Catai sanglant presse le vaste Empire,
Et qui s'appesantit sur tout ce qui respire ?

ASSÉLI.

On nomme ce Tyran du nom de Roi des Rois.
C'est ce fier Gengis-Kan, dont les affreux exploits
Font un vaste tombeau de la superbe Asie.
Octar son Lieutenant, déja dans sa furie,
Porte au Palais, dit-on, le fer & les flambeaux.
Le Catai passe enfin sous des Maîtres nouveaux.
Cette ville autrefois Souveraine du monde,
Nage de tous côtés dans le sang qui l'inonde.

Voi-

TRAGEDIE.

Voilà ce que cent voix, en sanglots superflus,
Ont appris dans ces lieux à mes sens éperdus.

IDAMÉ.

Sais-tu que ce Tyran de la Terre interdite,
Sous qui de cet Etat la fin se précipite,
Ce destructeur des Rois, de leur sang abreuvé,
Est un Scythe, un soldat, dans la poudre élevé,
Un guerrier vagabond de ces deserts sauvages,
Climats qu'un Ciel épais ne couvre que d'orages?
C'est lui qui sur les siens briguant l'autorité,
Tantôt fort & puissant, tantôt persécuté,
Vint jadis à tes yeux, dans cette auguste ville,
Aux portes du Palais demander un azile.
Son nom est Témugin; c'est t'en apprendre assez.

ASSE'LI.

Quoi! c'est lui dont les vœux vous furent adressés!
Quoi! c'est ce fugitif, dont l'amour & l'hommage
A vos parents surpris parurent un outrage!
Lui qui traine après lui tant de Rois ses suivants,
Dont le nom seul impose au reste des vivants!

IDAMÉ.

C'est lui-même, Asséli: son superbe courage,
Sa future grandeur brillait sur son visage.
Tout semblait, je l'avoue, esclave auprès de lui;
Et lorsque de la Cour il mendiait l'apui,
Inconnu, fugitif, il ne parlait qu'en Maitre.

Il m'aimait; & mon cœur s'en aplaudit peut-être :
Peut-être qu'en secret je tirais vanité
D'adoucir ce lion dans mes fers arrêté,
De plier à nos mœurs cette grandeur sauvage,
D'instruire à nos vertus son féroce courage,
Et de le rendre enfin, graces à ces liens,
Digne un jour d'être admis parmi nos citoyens.
Il eût servi l'Etat, qu'il détruit par la guerre.
Un refus a produit les malheurs de la Terre.
De nos Peuples jaloux tu connais la fierté.
De nos Arts, de nos Loix l'auguste antiquité,
Une Religion de tout temps épurée,
De cent siécles de gloire une suite averée,
Tout nous interdisait dans nos préventions,
Une indigne alliance avec les Nations.
Enfin un autre hymen, un plus saint nœud m'engage;
Le vertueux Zamti mérita mon suffrage.
Qui l'eût cru, dans ces tems de paix & de bonheur,
Qu'un Scythe méprisé serait notre vainqueur ?
Voilà ce qui m'allarme, & qui me désespère ;
J'ai refusé sa main; je suis épouse & mère :
Il ne pardonne pas; il se vit outrager,
Et l'Univers sait trop s'il aime à se venger.
Etrange destinée, & revers incroyable!
Est-il possible, ô Dieu, que ce peuple innombrable
Sous le glaive du Scythe expire sans combats,
Comme de vils troupeaux que l'on mène au trépas?

ASSE-

TRAGEDIE.

ASSÉLI.

Les Coréens, dit-on, rassemblaient une armée;
Mais nous ne savons rien que par la renommée,
Et tout nous abandonne aux mains des destructeurs.

IDAMÉ.

Que cette incertitude augmente mes douleurs!
J'ignore à quel excès parviennent nos misères;
Si l'Empereur encor au Palais de ses Péres
A trouvé quelque azile, ou quelque défenseur;
Si la Reine est tombée aux mains de l'oppresseur;
Si l'un & l'autre touche à son heure fatale.
Hélas! ce dernier fruit de leur foi conjugale,
Ce malheureux enfant à nos soins confié,
Excite encor ma crainte, ainsi que ma pitié.
Mon époux au Palais porte un pié téméraire.
Une ombre de respect pour son saint Ministère
Peut-être adoucira ces vainqueurs forcenés.
On dit que ces brigands aux meurtres acharnés,
Qui remplissent de sang la Terre intimidée,
Ont d'un Dieu cependant conservé quelque idée;
Tant la Nature même en toute nation
Grava l'Etre suprême, & la Religion.
Mais je me flatte en vain qu'aucun respect les touche;
La crainte est dans mon cœur, & l'espoir dans ma bouche.
Je me meurs...

SCENE II.
IDAMÉ, ZAMTI, ASSÉLI.

IDAMÉ.

Est-ce vous, époux infortuné ?
Notre fort fans retour eft-il déterminé ?
Hélas qu'avez-vous vu ?

ZAMTI.

Ce que je tremble à dire.
Le malheur eft au comble ; il n'eft plus, cet Empire.
Sous le glaive étranger j'ai vu tout abattu.
De quoi nous a fervi d'adorer la vertu ?
Nous étions vainement, dans une paix profonde,
Et les Légiflateurs & l'exemple du monde.
Vainement par nos Loix l'Univers fut inftruit ;
La fageffe n'eft rien, la force a tout détruit.
J'ai vu de ces brigands la horde hyperborée,
Par des fleuves de fang fe frayant une entrée,
Sur les corps entaffés de nos fréres mourants,
Portant partout le glaive, & les feux dévorants.
Ils pénètrent en foule à la demeure augufte,
Où de tous les humains le plus grand, le plus jufte,
D'un front majeftueux attendait le trépas.
La Reine évanouie était entre fes bras.
De leurs nombreux enfants ceux en qui le courage

Et

Commençait vainement à croître avec leur âge,
Et qui pouvaient mourir les armes à la main,
Etaient déja tombés sous le fer inhumain.
Il restait près de lui ceux dont la tendre enfance
N'avait que la faiblesse & des pleurs pour défense.
On les voyait encor autour de lui pressés,
Tremblants à ses genoux qu'ils tenaient embrassés.
J'entre par des détours inconnus au vulgaire ;
J'approche en frémissant de ce malheureux pére ;
Je vois ces vils humains, ces monstres des deserts,
A notre auguste Maître osants donner des fers,
Trainer dans son Palais d'une main sanguinaire,
Le pére, les enfants, & leur mourante mére.
Le pillage & le meurtre environnaient ces lieux.
Ce Prince infortuné tourne vers moi les yeux ;
Il m'appelle, il me dit, dans la langue sacrée,
Du Conquérant Tartare, & du peuple ignorée ;
Conserve au moins le jour au dernier de mes fils.
Jugez si mes sermens & mon cœur l'ont promis ;
Jugez de mon devoir quelle est la voix pressante.
J'ai senti ranimer ma force languissante ;
J'ai revolé vers vous. Les ravisseurs sanglants
Ont laissé le passage à mes pas chancelants ;
Soit que dans les fureurs de leur horrible joie,
Au pillage acharnés, occupés de leur proie,
Leur superbe mépris ait détourné les yeux ;
Soit que cet ornement d'un Ministre des Cieux,
Ce symbole sacré du grand Dieu que j'adore,

A la férocité puisse imposer encore ;
Soit qu'enfin ce grand Dieu, dans ses profonds desseins,
Pour sauver cet enfant, qu'il a mis dans mes mains,
Sur leurs yeux vigilants répandant un nuage,
Ait égaré leur vûe, ou suspendu leur rage.

IDAMÉ.

Seigneur, il serait tems encor de le sauver :
Qu'il parte avec mon fils ; je les peux enlever.
Ne désespérons point, & préparons leur fuite.
De notre promt départ qu'Etan ait la conduite :
Allons vers la Corée, au rivage des mers,
Aux lieux où l'Océan ceint ce triste Univers.
Mettons en sûreté ces chers & tendres gages,
Tandis que les Tyrans, dans leurs sanglants ravages,
N'ont point encor percé vers ces lieux retirés,
Eloignés de leur vue, & peut-être ignorés.
Allons, le tems est cher, & la plainte inutile.

ZAMTI.

Hélas ! le fils des Rois n'a pas même un azile.
J'attens les Coréens ; ils viendront, mais trop tard.
Cependant la mort vole au pied de ce rempart.
Saisissons, s'il se peut, le moment favorable
De mettre en sûreté ce gage inviolable.

SCE=

SCENE III.

ZAMTI, IDAMÉ, ASSÉLI, ÉTAN.

ZAMTI.

Etan, où courez-vous, interdit, consterné?

IDAMÉ.

Fuyons de ce séjour au Scythe abandonné.

ÉTAN.

Vous êtes observés ; la fuite est impossible.
Autour de notre enceinte une garde terrible,
Aux Peuples consternés offre de toutes parts
Un rempart hérissé de piques & de dards.
Les vainqueurs ont parlé. L'esclavage en silence
Obéit à leurs voix dans cette ville immense.
Chacun reste immobile & de crainte & d'horreur,
Depuis que sous le glaive est tombé l'Empereur.

ZAMTI.

Il n'est donc plus?

IDAMÉ.

O Cieux!

ÉTAN.

De ce nouveau carnage
Qui pourra retracer l'épouvantable image?

Son

Son épouse, ses fils sanglants & déchirés...
O famille de Dieux sur la Terre adorés !
Que vous dirai-je, hélas ? Leurs têtes exposées
Du vainqueur insolent excitent les risées ;
Tandis que leurs sujets tremblans de murmurer
Baissent des yeux mourants qui craignent de pleurer.
De nos honteux soldats les alfanges errantes
A genoux ont jetté leurs armes impuissantes.
Les vainqueurs fatigués dans nos murs asservis,
Lassés de leur victoire & de sang assouvis,
Publiant à la fin le terme du carnage,
Ont au lieu de la mort annoncé l'esclavage.
Mais d'un plus grand désastre on nous menace encor.
On prétend que ce Roi des fiers enfants du Nord,
Gengis-Kan que le Ciel envoya pour détruire,
Dont les seuls Lieutenants oppriment cet Empire,
Dans nos murs autrefois inconnu, dédaigné,
Vient toujours implacable, & toujours indigné,
Consommer sa colére, & venger son injure.
Sa Nation farouche est d'une autre nature
Que les tristes humains qu'enferment nos remparts.
Ils habitent des champs, des tentes, & des chars ;
Ils se croiraient gênés dans cette ville immense.
De nos Arts, de nos Loix la beauté les offense.
Ces brigands vont changer en d'éternels deserts
Les murs que si longtems admira l'Univers.

I D A-

TRAGEDIE.

IDAMÉ.

Le vainqueur vient sans doute armé de la vengeance.
Dans mon obscurité j'avais quelque espérance ;
Je n'en ai plus. Les Cieux, à nous nuire attachés,
Ont éclairé la nuit où nous étions cachés.
Trop heureux les mortels inconnus à leur Maître !

ZAMTI.

Les nôtres sont tombés : le juste Ciel peut-être
Voudra pour l'Orphelin signaler son pouvoir.
Veillons sur lui, voilà notre premier devoir.
Que nous veut ce Tartare ?

IDAMÉ.
     O Ciel, pren ma défense.

SCENE IV.

ZAMTI, IDAMÉ, ASSÉLI, OCTAR, Gardes.

OCTAR.

Esclaves, écoutez ; que votre obéissance
Soit l'unique réponse aux ordres de ma voix.
Il reste encor un fils du dernier de vos Rois ;
C'est vous qui l'élevez : votre soin téméraire
Nourrit un ennemi, dont il faut se défaire.
Je vous ordonne, au nom du vainqueur des humains,
De mettre sans tarder cet enfant dans mes mains.
           Je

Je vais l'attendre, allez, qu'on m'apporte ce gage.
Pour peu que vous tardiez, le sang & le carnage
Vont encor en ces lieux signaler son courroux,
Et la destruction commencera par vous.
La nuit vient, le jour fuit; vous, avant qu'il finisse,
Si vous aimez la vie, allez, qu'on obéisse.

SCENE V.

ZAMTI, IDAMÉ.

IDAMÉ.

Où sommes-nous réduits? ô monstres, ô terreur!
Chaque instant fait éclore une nouvelle horreur,
Et produit des forfaits dont l'ame intimidée
Jusqu'à ce jour de sang n'avait point eu d'idée.
Vous ne répondez rien; vos soupirs élancés,
Au Ciel qui nous accable en vain sont adressés.
Enfant de tant de Rois, faut-il qu'on sacrifie
Aux ordres d'un soldat ton innocente vie?

ZAMTI.
J'ai promis, j'ai juré de conserver ses jours.

IDAMÉ.
De quoi lui serviront vos malheureux secours?
Qu'importent vos sermens, vos stériles tendresses?
Etes-vous en état de tenir vos promesses?
N'espérons plus.

ZAM-

TRAGEDIE.

ZAMTI.

     Ah! Ciel! Et quoi, vous voudriez
Voir du fils de mes Rois les jours sacrifiés?

IDAMÉ.

Non, je n'y puis penser sans des torrents de larmes;
Et si je n'étais mére, & si dans mes allarmes,
Le Ciel me permettait d'abreger un destin
Nécessaire à mon fils élevé dans mon sein,
Je vous dirais; Mourons, & lorsque tout succombe
Sous les pas de nos Rois, descendons dans la tombe.

ZAMTI.

Après l'atrocité de leur indigne sort,
Qui pourait redouter & refuser la mort?
Le coupable la craint, le malheureux l'appelle,
Le brave la défie, & marche au devant d'elle,
Le sage qui l'attend, la reçoit sans regrets.

IDAMÉ.

Quels sont en me parlant vos sentiments secrets?
Vous baissez vos regards, vos cheveux se hérissent,
Vous palissez, vos yeux de larmes se remplissent;
Mon cœur répond au vôtre, il sent tous vos tourments!
Mais que résolvez-vous?

ZAMTI.

    De garder mes serments.
Auprès de cet enfant, allez, daignez m'attendre.

IDA-

IDAMÉ.

Mes priéres, mes cris pourront-ils le défendre ?

SCENE VI.
ZAMTI, ÉTAN.

ÉTAN.

Seigneur, votre pitié ne peut le conferver.
Ne fongez qu'à l'Etat que fa mort peut fauver;
Pour le falut du peuple il faut bien qu'il périffe.

ZAMTI.

Oui . . . je vois qu'il faut faire un trifte facrifice.
Ecoute : cet Empire eft-il cher à tes yeux ?
Reconnais-tu ce Dieu de la Terre & des Cieux,
Ce Dieu que fans mélange annonçaient nos ancêtres,
Méconnu par le Bonze, infulté par nos Maîtres ?

ÉTAN.

Dans nos communs malheurs il eft mon feul apui ;
Je pleure la patrie, & n'efpère qu'en lui.

ZAMTI.

Jure ici par fon nom, par fa toute-puiffance,
Que tu conferveras dans l'éternel filence
Le fecret qu'en ton fein je dois enfevelir.

Jure

Jure-moi que tes mains oseront accomplir
Ce que les intérêts, & les Loix de l'Empire,
Mon devoir & mon Dieu, vont par moi te prescrire.

E'TAN.

Je le jure; & je veux, dans ces murs désolés,
Voir nos malheurs communs sur moi seul assemblés,
Si trahissant vos vœux, & démentant mon zèle,
Ou ma bouche, ou ma main, vous était infidèle.

ZAMTI.

Allons, il ne m'est plus permis de reculer.

E'TAN.

De vos yeux attendris je vois des pleurs couler.
Hélas, de tant de maux les atteintes cruelles
Laissent donc place encor à des larmes nouvelles!

ZAMTI.

On a porté l'arrêt! rien ne peut le changer!

E'TAN.

On presse, & cet enfant, qui vous est étranger....

ZAMTI.

Etranger! Lui, mon Roi!

E'TAN.

    Notre Roi fut son père;
Je le sai, j'en frémis: parlez, que dois-je faire?

ZAM-

ZAMTI.

On compte ici mes pas; j'ai peu de liberté.
Sers-toi de la faveur de ton obscurité.
De ce dépost sacré tu sais quel est l'azile ;
Tu n'es point observé; l'accès t'en est facile.
Cachons pour quelque tems cet enfant précieux.
Dans le sein des tombeaux bâtis par nos ayeux,
Nous remettrons bientôt au Chef de la Corée
Ce tendre rejetton d'une tige adorée.
Il peut ravir du moins à nos cruels vainqueurs
Ce malheureux enfant ; l'objet de leurs terreurs.
Il peut sauver mon Roi. Je prens sur moi le reste.

E´TAN.

Et que deviendrez-vous sans ce gage funeste ?
Que pourez-vous répondre au vainqueur irrité ?

ZAMTI.

J'ai de quoi satisfaire à sa férocité.

E´TAN.

Vous, Seigneur ?

ZAMTI.

Ô nature, ô devoir tyrannique !

E´TAN.

Eh bien !

ZAMTI.

Dans son berceau saisi mon fils unique.

E´TAN.

TRAGEDIE.

E'TAN.
Votre fils !

ZAMTI.
Songe au Roi que tu dois conserver.
Pren mon fils... que son sang... je ne puis achever.

E'TAN.
Ah ! que m'ordonnez-vous ?

ZAMTI.
Respecte ma tendresse,
Respecte mon malheur, & surtout ma faiblesse.
N'oppose aucun obstacle à cet ordre sacré ;
Et rempli ton devoir après l'avoir juré.

E'TAN.
Vous m'avez arraché ce serment téméraire.
A quel devoir affreux me faut-il satisfaire ?
J'admire avec horreur ce dessein généreux ;
Mais si mon amitié ....

ZAMTI.
C'en est trop, je le veux.
Je suis pére ; & ce cœur qu'un tel arrêt déchire,
S'en est dit cent fois plus que tu ne peux m'en dire.
J'ai fait taire le sang ; fai taire l'amitié.
Pars.

E'TAN.
Il faut obéir.

B   ZAM-

ZAMTI.
Laisse-moi par pitié.

SCENE VIII.

ZAMTI seul.

J'Ai fait taire le sang! Ah trop malheureux pére;
J'entens trop cette voix si fatale, & si chére.
Ciel, impose silence aux cris de ma douleur.
Mon épouse, mon fils, me déchirent le cœur.
De ce cœur effrayé cache-moi la blessure.
L'homme est trop faible, hélas, pour domter la nature.
Que peut-il par lui-même? Achève, soutien moi;
Affermi la vertu prête à tomber sans toi.

Fin du premier Acte.

ACTE

ACTE II.

SCENE I.

ZAMTI seul.

Etan auprès de moi tarde trop à se rendre.
Il faut que je lui parle; & je crains de l'entendre.
Je tremble malgré moi de son fatal retour.
O mon fils, mon cher fils, as-tu perdu le jour?
Aura-t-on consommé ce fatal sacrifice?
Je n'ai pu de ma main te conduire au suplice;
Je n'en eus pas la force. En ai-je assez au moins
Pour apprendre l'effet de mes funestes soins?
En ai-je encor assez pour cacher mes allarmes?

SCENE II.

ZAMTI, ÉTAN.

ZAMTI.

Viens, ami... je t'entens... je sçai tout par tes larmes.

ÉTAN.

Vôtre malheureux fils......

ZAMTI.

Arrête; parle-moi
De l'espoir de l'Empire, & du fils de mon Roi:
Est-il en sureté?

E'TAN.

Les tombeaux de ses Péres
Cachent à nos Tyrans sa vie & ses miséres.
Il vous devra des jours pour souffrir commencés,
Présent fatal peut-être.

ZAMTI.

Il vit: c'en est assez.
O vous, à qui je rens ces services fidelles,
O mes Rois, pardonnez mes larmes paternelles.

E'TAN.

Osez-vous en ces lieux gémir en liberté?

ZAMTI.

Où porter ma douleur, & ma calamité?
Et comment desormais soutenir les aproches,
Le desespoir, les cris, les éternels reproches,
Les imprécations d'une mére en fureur?
Encor si nous pouvions prolonger son erreur!

E'TAN.

On a ravi son fils dans sa fatale absence:
A nos cruels vainqueurs on conduit son enfance;
Et soudain j'ai volé pour donner mes secours
Au Royal Orphelin, dont on poursuit les jours.

ZAM-

TRAGEDIE.

ZAMTI.

Ah! du moins, cher Etan, si tu pouvais lui dire,
Que nous avons livré l'héritier de l'Empire;
Que j'ai caché mon fils, qu'il est en sureté!
Imposons quelque tems à sa crédulité.
Hélas! la vérité si souvent est cruelle!
On l'aime; & les humains sont malheureux par elle.
Allons... Ciel! elle-même aproche de ces lieux;
La douleur & la mort sont peintes dans ses yeux.

SCENE III.
ZAMTI, IDAMÉ.

IDAMÉ.

Qu'ai-je vû? Qu'a-t-on fait? Barbare, est-il possible?
L'avez-vous commandé, ce sacrifice horrible?
Non, je ne puis le croire; & le Ciel irrité
N'a pas dans vôtre sein mis tant de cruauté;
Non, vous ne serez point plus dur & plus barbare
Que la loi du vainqueur, & le fer du Tartare.
Vous pleurez, malheureux!

ZAMTI.

Ah! pleurez avec moi;
Mais avec moi songez à sauver vôtre Roi.

IDAMÉ.

Que j'immole mon fils!

ZAMTI.

Telle est notre misère :
Vous êtes citoyenne avant que d'être mère.

IDAMÉ.

Quoi ! sur toi la Nature a si peu de pouvoir !

ZAMTI.

Elle n'en a que trop ; mais moins que mon devoir :
Et je dois plus au sang de mon malheureux Maître,
Qu'à cet enfant obscur à qui j'ai donné l'être.

IDAMÉ.

Non, je ne connais point cette horrible vertu.
J'ai vû nos murs en cendre, & ce Trône abattu ;
J'ai pleuré de nos Rois les disgraces affreuses ;
Mais par quelles fureurs encor plus douloureuses,
Veux-tu de ton épouse avançant le trépas,
Livrer le sang d'un fils qu'on ne demande pas ?
Ces Rois ensevelis, disparus dans la poudre,
Sont-ils pour toi des Dieux dont tu craignes la foudre ?
A ces Dieux impuissants, dans la tombe endormis,
As-tu fait le serment d'assassiner ton fils ?
Hélas ! grands, & petits, & sujets, & Monarques,
Distingués un moment par de frivoles marques,
Egaux par la nature, égaux par le malheur,
Tout mortel est chargé de sa propre douleur :
Sa peine lui suffit, & dans ce grand naufrage,
Rassembler nos débris, voilà nôtre partage.

Où

TRAGEDIE.

Où ferais-je, grand Dieu! si ma crédulité
Eût tombé dans le piége à mes pas préfenté;
Auprès du fils des Rois si j'étais demeurée.
La victime aux bourreaux allait être livrée;
Je cessais d'être mère; & le même couteau
Sur le corps de mon fils me plongeait au tombeau.
Graces à mon amour, inquiéte troublée,
A ce fatal berceau l'inftinct m'a rapellée.
J'ai vû porter mon fils à nos cruels vainqueurs.
Mes mains l'ont arraché des mains des raviffeurs.
Barbare, ils n'ont point eu ta fermeté cruelle.
J'en ai chargé foudain cette efclave fidelle,
Qui foutient de fon lait, fes miférables jours,
Ces jours qui périffaient fans moi, fans mon fecours;
J'ai confervé le fang du fils & de la mére,
Et j'ofe dire encor, de fon malheureux pére.

ZAMTI.

Quoi, mon fils eft vivant!

IDAMÉ.

Oui, rends graces au Ciel,
Malgré toi favorable à ton cœur paternel.
Repen-toi.

ZAMTI.

Dieu des Cieux, pardonnez cette joie,
Qui fe mèle un moment aux pleurs où je me noïe.
O ma chère Idamé, ces moments feront courts.
Vainement de mon fils vous prolongiez les jours;

B 4 Vai-

Vainement vous cachiez cette fatale offrande.
Si nous ne donnons pas le sang qu'on nous demande,
Nos Tyrans soupçonneux seront bientôt vengés;
Nos citoyens tremblants avec nous égorgés,
Vont payer de vos soins les efforts inutiles;
De soldats entourés, nous n'avons plus d'aziles.
Et mon fils qu'au trépas vous croyez arracher,
A l'œil qui le poursuit ne peut plus se cacher.
Il faut subir son sort.

IDAMÉ.

Ah! cher Epoux, demeure;
Ecoute-moi, du moins.

ZAMTI.

Hélas! .... il faut qu'il meure.

IDAMÉ.

Qu'il meure! arrête, tremble, & crain mon desespoir,
Crain sa mére.

ZAMTI.

Je crains de trahir mon devoir.
Abandonnez le vôtre; abandonnez ma vie
Aux détestables mains d'un Conquérant impie.
C'est mon sang qu'à Gengis il vous faut demander.
Allez, il n'aura pas de peine à l'accorder.
Dans le sang d'un époux trempez vos mains perfides;
Allez, ce jour n'est fait que pour des parricides.
Comblez-en les horreurs, trahissez à la fois
Et le Ciel; & l'Empire, & le sang de vos Rois.

TRAGEDIE.

IDAMÉ.

De mes Rois! Va, te dis-je, ils n'ont rien à prétendre.
Je ne dois point mon fang en tribut à leur cendre.
Va; le nom de fujet n'eſt pas plus faint pour nous,
Que ces noms ſi ſacrés & de pére & d'époux.
La Nature & l'Hymen, voila les loix premiéres,
Les devoirs, les liens des Nations entiéres:
Ces Loix viennent des Dieux; le reſte eſt des humains.
Ne me fai point haïr le fang des Souverains:
Oui, fauvons l'Orphelin d'un vainqueur homicide;
Mais ne le fauvons pas au prix d'un parricide.
Que les jours de mon fils n'achètent point ſes jours.
Loin de l'abandonner, je vole à fon fecours.
Je prens pitié de lui; pren pitié de toi-même,
De ton fils innocent, de ſa mère qui t'aime.
Je ne menace plus: je tombe à tes genoux.
O pére infortuné, cher & cruel époux,
Pour qui j'ai méprifé, tu t'en fouviens peut-être,
Ce mortel qu'aujourdhui le fort a fait ton Maître;
Accorde-moi mon fils, accorde-moi ce fang;
Que le plus pur amour a formé dans mon flanc:
Et ne réſiſte point au cri terrible & tendre,
Qu'à tes fens défolés l'amour a fait entendre.

ZAMTI.

Ah! c'eſt trop abufer du charme & du pouvoir
Dont la nature & vous combattent mon devoir.
Trop faible épouſe, hélas, fi vous pouviez connaître!...

IDA-

L'ORPHELIN DE LA CHINE,

IDAMÉ.

Je suis faible, oui, pardonne; une mère doit l'être.
Je n'aurai point de toi ce reproche à souffrir,
Quand il faudra te suivre, & qu'il faudra mourir.
Cher époux, si tu peux au vainqueur sanguinaire,
A la place du fils sacrifier la mère,
Je suis prête : Idamé ne se plaindra de rien :
Et mon cœur est encor aussi grand que le tien.

ZAMTI.

Oui, j'en crois ta vertu.

SCENE IV.

ZAMTI, IDAMÉ, OCTAR, Gardes.

OCTAR.

Quoi vous osez reprendre
Ce dépot que ma voix vous ordonna de rendre ?
Soldats, suivez leurs pas, & me répondez d'eux ;
Saisissez cet enfant qu'ils cachent à mes yeux.
Allez : votre Empereur à ces lieux va paraître.
Aportez la victime aux pieds de votre Maître.
Soldats, veillez sur eux.

ZAMTI.
Je suis prêt d'obéir.

Vous aurez cet Enfant.

IDA-

TRAGEDIE.

IDAME.
Je ne le puis soufrir.
Non, vous ne l'obtiendrez, cruels, qu'avec ma vie.
OCTAR.
Qu'on fasse retirer cette femme hardie.
Voici votre Empereur : ayez soin d'empêcher
Que tous ces vils captifs osent en aprocher.

SCENE V.

GENGIS, OCTAR, OSMAN, Troupe de Guerriers.

GENGIS.
ON a poussé trop loin le droit de ma conquête.
Que le glaive se cache, & que la mort s'arrête.
Je veux que les vaincus respirent désormais.
J'envoyai la terreur, & j'aporte la paix.
La mort du fils des Rois suffit à ma vengeance.
Etouffons dans son sang la fatale semence
Des complots éternels, & des rébellions,
Qu'un fantome de Prince inspire aux Nations.
Sa famille est éteinte, il vit; il doit la suivre.
Je n'en veux qu'à des Rois : mes sujets doivent vivre.
Cessez de mutiler tous ces grands monuments
Ces prodiges des Arts consacrés par les tems,
Respectez-les : ils sont le prix de mon courage.

Qu'on

Qu'on cesse de livrer aux flammes, au pillage,
Ces Archives de Loix, ce vaste amas d'écrits,
Tous ces fruits du génie, objets de vos mépris.
Si l'erreur les dicta, cette erreur m'est utile ;
Elle occupe ce peuple, & le rend plus docile.
Octar, je vous destine à porter mes drapeaux
Aux lieux où le Soleil renait du sein des eaux.

A un de ses suivants.

Vous, dans l'Inde soumise, humble dans sa défaite,
Soyez de mes décrets le fidèle interprète ;
Tandis qu'en Occident je fais voler mes fils
Des murs de Samarcande aux bords du Tanaïs.
Sortez : demeure Octar.

SCENE VI.
GENGIS, OCTAR.
GENGIS.

EH bien ! pouvais-tu croire,
Que le sort m'élevât à ce comble de gloire ?
Je foule aux pieds ce Trône ; & je régne en des lieux,
Où mon front avili n'osa lever les yeux.
Voici donc ce palais, cette superbe ville,
Où caché dans la foule, & cherchant un azile,
J'essuyai les mépris, qu'à l'abri du danger

L'or-

L'orgueilleux citoyen prodigue à l'étranger.
On dédaignait un Scythe; & la honte & l'outrage
De mes vœux mal conçus devinrent le partage.
Une femme ici même a refusé la main,
Sous qui depuis cinq ans tremble le Genre humain.

OCTAR.

Quoi, dans ce haut degré de gloire & de puissance,
Quand le monde à vos pieds se prosterne en silence,
D'un tel ressouvenir vous seriez occupé !

GENGIS.

Mon esprit, je l'avoue, en fut toujours frapé.
Des affronts attachés à mon humble fortune,
C'est le seul dont je garde une idée importune.
Je n'eus que ce moment de foiblesse & d'erreur :
Je crus trouver ici le repos de mon cœur;
Il n'est point dans l'éclat dont le sort m'environne.
La gloire le promet, l'amour, dit-on, le donne.
J'en conserve un dépit trop indigne de moi :
Mais au moins je voudrais qu'elle connût son Roi,
Que son œil entrevît, du sein de la bassesse,
De qui son imprudence outragea la tendresse;
Qu'à l'aspect des grandeurs qu'elle eût pû partager,
Son désespoir secret servît à me venger.

OCTAR.

Mon oreille, Seigneur, était accoutumée
Aux cris de la victoire & de la Renommée,

Au

Au bruit des murs fumants renversés sous vos pas ;
Et non à ces discours que je ne conçois pas.

GENGIS.

Non, depuis qu'en ces lieux mon ame fut vaincue,
Depuis que ma fierté fut ainsi confondue,
Mon cœur s'est désormais défendu sans retour
Tous ces vils sentimens qu'ici l'on nomme amour ;
Idamé, je l'avoue, en cette ame égarée,
Fit une impression que j'avais ignorée.
Dans nos antres du Nord, dans nos stériles champs,
Il n'est point de beauté qui subjugue nos sens.
De nos travaux grossiers les compagnes sauvages
Partageaient l'âpreté de nos mâles courages.
Un poison tout nouveau me surprit en ces lieux :
La tranquile Idamé le portait dans ses yeux :
Ses paroles, ses traits respiraient l'art de plaire :
Je rens grace au refus qui nourit ma colère ;
Son mépris dissipa ce charme suborneur,
Ce charme inconcevable & souverain du cœur.
Mon bonheur m'eût perdu ; mon ame toute entiére
Se doit aux grands objets de ma vaste carriére.
J'ai subjugué le monde, & j'aurais soupiré !
Ce trait injurieux, dont je fus déchiré,
Ne rentrera jamais dans mon ame offensée.
Je bannis sans regret cette lâche pensée.
Une femme sur moi n'aura point ce pouvoir ;
Je la veux oublier, je ne veux point la voir.

TRAGEDIE.

Qu'elle pleure à loisir sa fierté trop rebelle;
Octar, je vous défens que l'on s'informe d'elle.

OCTAR.

Vous avez en ces lieux des soins plus importants.

GENGIS.

Oui, je me souviens trop de tant d'égarements.

SCENE VII.
GENGIS, OCTAR, OSMAN.

OSMAN.

LA victime, Seigneur, allait être égorgée;
Une garde autour d'elle était déja rangée.
Mais un événement, que je n'attendais pas,
Demande un nouvel ordre, & suspend son trépas:
Une femme éperdue, & de larmes baignée,
Arrive, tend les bras à la Garde indignée;
Et nous surprenant tous par ses cris forcenés,
Arrêtez, c'est mon fils que vous assassinez.
C'est mon fils, on vous trompe au choix de la victime.
Le désespoir affreux, qui parle, & qui l'anime,
Ses yeux, son front, sa voix, ses sanglots, ses clameurs,
Sa fureur intrépide au milieu de ses pleurs,
Tout semblait annoncer, par ce grand caractère,
Le cri de la nature, & le cœur d'une mère.

Cepen-

Cependant son époux devant nous appellé,
Non moins éperdu qu'elle, & non moins accablé,
Mais sombre & recueilli dans sa douleur funeste,
De nos Rois, a-t-il dit, voila ce qui nous reste ;
Frapez ; voila le sang que vous me demandez.
De larmes en parlant ses yeux sont inondés.
Cette femme à ces mots d'un froid mortel saisie,
Longtems sans mouvement, sans couleur, & sans vie,
Ouvrant enfin les yeux d'horreur appesantis,
Dès qu'elle a pû parler a réclamé son fils.
Le mensonge n'a point des douleurs si sincères ;
On ne versa jamais de larmes plus amères.
On doute, on examine, & je reviens confus,
Demander à vos pieds vos ordres absolus,

GENGIS.

Je saurai démèler un pareil-artifice,
Et qui m'a pu tromper, est sûr de son supplice.
Ce peuple de vaincus prétend-il m'aveugler ?
Et veut-on que le sang recommence à couler ?

OCTAR.

Cette femme ne peut tromper votre prudence.
Du fils de l'Empereur elle a conduit l'enfance.
Aux enfants de son Maître on s'attache aisément.
Le danger, le malheur ajoute au sentiment.
Le fanatisme alors égale la Nature ;
Et sa douleur si vraie ajoute à l'imposture.

Bien-

Bientôt de son secret perçant l'obscurité,
Vos yeux dans cette nuit répandront la clarté.

GENGIS.

Quelle est donc cette femme?

OCTAR.

On dit qu'elle est unie
A l'un de ces Lettrés que respectait l'Asie,
Qui trop enorgueillis du faste de leurs Loix,
Sur leur vain Tribunal osaient braver cent Rois.
Leur foule est innombrable; ils sont tous dans les chaînes;
Ils connaîtront enfin des Loix plus souveraines.
Zamti, c'est-là le nom de cet esclave altier,
Qui veillait sur l'enfant qu'on doit sacrifier.

GENGIS.

Allez interroger ce couple condamnable;
Tirez la vérité de leur bouche coupable;
Que nos guerriers surtout à leur poste fixés,
Veillent dans tous les lieux où je les ai placés;
Qu'aucun d'eux ne s'écarte: on parle de surprise,
Les Coréens, dit-on, tentent quelque entreprise:
Vers les rives du fleuve on a vû des soldats.
Nous saurons quels mortels s'avancent au trépas,
Et si l'on veut forcer les enfans de la guerre
A porter le carnage aux bornes de la Terre.

Fin du second Acte.

C   ACTE

ACTE III.

SCÈNE I.

GENGIS, OCTAR, OSMAN, Troupe de Guerriers.

GENGIS.

A-T-on de ces captifs éclairci l'imposture ?
A-t-on connu leur crime, & vengé mon injure ?
Ce fantôme de Prince à leur garde commis,
Entre les mains d'Octar est-il enfin remis ?

OSMAN.

Il cherche à pénétrer dans ce sombre mistère.
A l'aspect des tourments ce Mandarin sévère
Persiste en sa réponse avec tranquilité.
Il semble sur son front porter la vérité.
Son épouse en tremblant nous répond par des larmes.
Sa plainte, sa douleur augmente encor ses charmes.
De pitié malgré nous nos cœurs étaient surpris,
Et nous nous étonnions de nous voir attendris.
Jamais rien de si beau ne frapa notre vue.
Seigneur, le croiriez-vous ? Cette femme éperdue
A vos sacrés genoux demande à se jetter.
Que le vainqueur des Rois daigne enfin m'écouter.
Il pourra d'un enfant protéger l'innocence.

Mal-

TRAGEDIE.

Malgré ses cruautés j'espère en sa clémence;
Puisqu'il est tout-puissant il sera généreux;
Pourait-il rebuter les pleurs des malheureux?
C'est ainsi qu'elle parle; & j'ai dû lui promettre
Qu'à vos pieds en ces lieux vous daignerez l'admettre.

GENGIS.

De ce mistère enfin je dois être éclairci.
(à sa suite.)
Oui, qu'elle vienne; allez, & qu'on l'amène ici.
Qu'elle ne pense pas que par de vaines plaintes,
Des soupirs affectés, & quelques larmes feintes,
Aux yeux d'un Conquérant on puisse en imposer.
Les femmes de ces lieux ne peuvent m'abuser.
Je n'ai que trop connu leurs larmes infidelles,
Et mon cœur dès longtems s'est affermi contre elles.
Elle cherche un honneur dont dépendra son sort,
Et vouloir me tromper, c'est demander la mort.

OSMAN.

Voilà cette captive à vos pieds amenée.

GENGIS.

Que vois-je! est-il possible? ô Ciel, ô destinée!
Ne me trompai-je point; est-ce un songe; une erreur?
C'est Idamé; c'est elle, & mes sens...

C 2 SCE-

SCENE II.

GENGIS, IDAME, OCTAR, OSMAN, Gardes.

IDAME.

AH! Seigneur,
Tranchez les tristes jours d'une femme éperdue.
Vous devez vous venger, je m'y suis attendue;
Mais, Seigneur, épargnez un enfant innocent.

GENGIS.

Rassurez-vous; sortez de cet effroi pressant...
Ma surprise, Madame, est égale à la vôtre...
Le destin qui fait tout nous trompa l'un & l'autre.
Les tems sont bien changés: mais si l'ordre des Cieux
D'un habitant du Nord méprisable à vos yeux,
A fait un Conquérant, sous qui tremble l'Asie,
Ne craignez rien pour vous; vôtre Empereur oublie
Les affronts qu'en ces lieux essuia Témugin.
J'immole à ma victoire, à mon Trône, au destin,
Le dernier rejetton d'une race ennemie.
Le repos de l'Etat me demande sa vie.
Il faut qu'entre mes mains ce dépôt soit livré.
Vôtre cœur sur un fils doit être rassuré.
Je le prens sous ma garde.

IDAME.

A peine je respire.

GEN-

GENGIS.

Mais de la vérité, Madame, il faut m'inftruire.
Quel indigne artifice ofe-t-on m'oppofer?
De vous, de votre époux, qui prétend m'impofer?

IDAMÉ.

Ah! des infortunés épargnez la mifère.

GENGIS.

Vous favez fi je dois haïr ce téméraire.

IDAMÉ.

Vous, Seigneur!

GENGIS.

J'en dis trop, & plus que je ne veux.

IDAMÉ.

Ah! rendez-moi, Seigneur, un enfant malheureux.
Vous me l'avez promis, fa grace eft prononcée.

GENGIS.

Sa grace eft dans vos mains : ma gloire eft offenfée,
Mes ordres méprifés, mon pouvoir avili;
En un mot vous favez jufqu'où je fuis trahi;
C'eft peu de m'enlever le fang que je demande,
De me défobéir alors que je commande.
Vous êtes dès longtems inftruite à m'outrager;
Ce n'eft pas d'aujourdhui que je dois me venger.
Votre époux!... ce feul nom le rend affez coupable,
Quel eft donc ce mortel pour vous fi refpectable,
Qui fous fes loix, Madame, a pû vous captiver

Quel est cet insolent qui pense me braver ?
Qu'il vienne.

IDAMÉ.

Mon époux vertueux & fidelle,
Objet infortuné de ma douleur mortelle,
Servit son Dieu, son Roi, rendit mes jours heureux.

GENGIS.

Qui?.. lui?.. mais depuis quand formates-vous ces nœuds?

IDAMÉ.

Depuis que loin de nous le sort qui vous seconde
Eut entrainé vos pas pour le malheur du monde.

GENGIS.

J'entens; depuis le jour que je fus outragé;
Depuis que de vous deux je dus être vengé;
Depuis que vos climats ont mérité ma haine.

SCENE III.

GENGIS, OCTAR, OSMAN (*d'un côté,*)
IDAMÉ, ZAMTI (*de l'autre,*) Gardes.

GENGIS.

Parle; as-tu satisfait à ma loi souveraine?
As-tu mis dans mes mains le fils de l'Empereur?

ZAMTI.

J'ai rempli mon devoir; c'en est fait; oui, Seigneur.

GENGIS.

Tu sais si je punis la fraude & l'insolence;
Tu sais que rien n'échape aux coups de ma vengeance;
Que si le fils des Rois par toi m'est enlevé,
Malgré ton imposture il sera retrouvé,
Que son trépas certain va suivre ton suplice.

à ses Gardes.

Mais je veux bien le croire. Allez, & qu'on saisisse
L'enfant que cet esclave a remis en vos mains.
Frapez.

ZAMTI.

Malheureux pére!

IDAMÉ.

Arrêtez, inhumains.
Ah, Seigneur, est-ce ainsi que la pitié vous presse?
Est-ce ainsi qu'un vainqueur fait tenir sa promesse?

GENGIS.

Est-ce ainsi qu'on m'abuse, & qu'on croit me jouer?
C'en est trop; écoutez, il faut tout m'avouer.
Sur cet enfant, Madame, expliquez-vous sur l'heure.
Instruisez-moi de tout, répondez, ou qu'il meure.

IDAMÉ.

Eh bien, mon fils l'emporte; & si dans mon malheur

L'aveu que la nature arrache à ma douleur,
Est encor à vos yeux une offense nouvelle;
S'il faut toujours du sang à votre ame cruelle,
Frapez ce triste cœur qui céde à son effroi,
Et sauvez un mortel plus généreux que moi.
Seigneur, il est trop vrai que notre auguste Maître,
Qui sans vos seuls exploits n'eut point cessé de l'être,
A remis à mes mains, aux mains de mon époux,
Ce dépôt respectable à tout autre qu'à vous.
Seigneur, assez d'horreurs suivaient votre victoire,
Assez de cruautés ternissaient tant de gloire.
Dans des fleuves de sang tant d'innocents plongés,
L'Empereur & sa femme, & cinq fils égorgés,
Le fer de tous côtés dévastant cet Empire,
Tous ces champs de carnage auraient dû vous suffire.
Un Barbare en ces lieux est venu demander
Ce dépôt précieux, que j'aurais dû garder,
Ce fils de tant de Rois, notre unique espérance.
A cet ordre terrible, à cette violence,
Mon époux inflexible en sa fidélité,
N'a vu que son devoir, & n'a point hésité.
Il a livré son fils. La Nature outragée
Vainement déchirait son ame partagée;
Il imposait silence à ses cris douloureux.
Vous deviez ignorer ce sacrifice affreux.
J'ai dû plus respecter sa fermeté sévère.
Je devais l'imiter; mais enfin je suis mère.
Mon ame est au-dessous d'un si cruel effort.

TRAGEDIE.

Je n'ai pû de mon fils consentir à la mort.
Hélas ! au désespoir que j'ai trop fait paraître,
Une mére aisément pouvait se reconnaître.
Voyez de cet enfant le pére confondu,
Qui ne vous a trahi qu'à force de vertu.
L'un n'attend son salut que de son innocence,
Et l'autre est respectable, alors qu'il vous offense.
Ne punissez que moi, qui trahis à la fois,
Et l'époux que j'admire, & le sang de mes Rois.
Digne époux, digne objet de toute ma tendresse,
La pitié maternelle est ma seule faiblesse ;
Mon sort suivra le tien, je meurs si tu péris.
Pardonne-moi du moins d'avoir sauvé ton fils.

ZAMTI.

Je t'ai tout pardonné ; je n'ai plus à me plaindre ;
Pour le sang de mon Roi je n'ai plus rien à craindre,
Ses jours sont assurés.

GENGIS.

    Traître, ils ne le sont pas ;
Va réparer ton crime, ou subir ton trépas.

ZAMTI.

Le crime est d'obéir à des ordres injustes.
La souveraine voix de mes Maîtres augustes,
Du sein de leurs tombeaux parle plus haut que toi.
Tu fus notre vainqueur, & tu n'es pas mon Roi.
Si j'étais ton sujet, je te serais fidèle.

           Arra-

Arrache-moi la vie, & respecte mon zèle.
Je t'ai livré mon fils, j'ai pû te l'immoler;
Penses-tu que pour moi je puisse encor trembler?

GENGIS.

Qu'on l'ôte de mes yeux.

IDAMÉ.

Ah! daignez....

GENGIS.

Qu'on l'entraîne,

IDAMÉ.

Non, n'accablez que moi des traits de votre haine.
Cruel! qui m'aurait dit que j'aurais par vos coups
Perdu mon Empereur, mon fils, & mon époux?
Quoi! votre ame jamais ne peut être amollie!

GENGIS.

Allez, suivez l'époux à qui le sort vous lie.
Est-ce à vous de prétendre encor à me toucher?
Et quel droit avez-vous de me rien reprocher?

IDAMÉ.

Ah! je l'avais prévû; je n'ai plus d'espérance.

GENGIS.

Allez, dis-je, Idamé, si jamais la clémence
Dans mon cœur malgré moi pouvait encor entrer,
Vous sentez quels affronts il faudrait réparer.

SCENE IV.

GENGIS, OCTAR.

GENGIS.

D'Où vient que je gémis ? d'où vient que je balance ?
Quel Dieu parlait en elle & prenait sa défense ?
Est-il dans les vertus, est-il dans la beauté
Un pouvoir au-dessus de mon autorité ?
Ah ! demeurez, Octar, je me crains, je m'ignore :
Il me faut un ami ; je n'en eus point encore ;
Mon cœur en a besoin.

OCTAR.

     Puisqu'il faut vous parler,
S'il est des ennemis qu'on vous doive immoler,
Si vous voulez couper d'une race odieuse,
Dans ses derniers rameaux, la tige dangereuse,
Précipitez sa perte ; il faut que la rigueur,
Trop nécessaire apui du Trône d'un vainqueur,
Frape sans intervalle un coup sûr & rapide.
C'est un torrent qui passe en son cours homicide.
Le temps raméne l'ordre & la tranquilité ;
Le peuple se façonne à la docilité :
De ses premiers malheurs l'image est affaiblie ;
Bientôt il les pardonne, & même il les oublie.
Mais lorsque goutte à goutte on fait couler le sang,
           Qu'on

Qu'on ferme avec lenteur, & qu'on rouvre le flanc,
Que les jours renaissants ramènent le carnage,
Le désespoir tient lieu de force & de courage,
Et fait d'un peuple faible un peuple d'ennemis,
D'autant plus dangereux qu'ils étaient plus soumis.

GENGIS.

Quoi! c'est cette Idamé! quoi! c'est-là cette esclave!
Quoi! l'hymen l'a soumise au mortel qui me brave!

OCTAR.

Je conçois que pour elle il n'est point de pitié;
Vous ne lui devez plus que vôtre inimitié.
Cet amour, dites-vous, qui vous toucha pour elle,
Fut d'un feu passager la légère étincelle.
Ses imprudents refus, la colère, & le tems,
En ont éteint dans vous les restes languissants.
Elle n'est à vos yeux qu'une femme coupable,
D'un criminel obscur épouse méprisable.

GENGIS.

Il en sera puni; je le dois, je le veux:
Ce n'est pas avec lui que je suis généreux.
Moi laisser respirer un vaincu que j'abhorre!
Un esclave! un rival!

OCTAR.
    Pourquoi vit-il encore?
Vous êtes tout-puissant, & n'êtes point vengé!

GENGIS.

Juste Ciel! à ce point mon cœur serait changé!

C'est

TRAGEDIE.

C'eſt ici que ce cœur connaîtrait les allarmes,
Vaincu par la beauté, défarmé par les larmes,
Dévorant mon dépit, & mes ſoupirs honteux!
Moi rival d'un eſclave, & d'un eſclave heureux!
Je ſoufre qu'il reſpire, & cependant on l'aime;
Je reſpecte Idamé juſqu'en ſon époux même:
Je crains de la bleſſer en enfonçant mes coups
Dans le cœur déteſté de cet indigne époux.
Eſt-il bien vrai que j'aime? Eſt-ce moi qui ſoupire?
Qu'eſt-ce donc que l'amour? A-t-il donc tant d'empire?

OCTAR.

Je n'appris qu'à combattre, à marcher ſous vos loix.
Mes chars & mes courſiers, mes fléches, mon carquois,
Voilà mes paſſions, & ma ſeule ſcience.
Des caprices du cœur j'ai peu d'intelligence.
Je connais ſeulement la victoire & nos mœurs;
Les captives toujours ont ſuivi leurs vainqueurs.
Cette délicateſſe importune, étrangère,
Dément vôtre fortune & vôtre caractère.
Et qu'importe pour vous, qu'une eſclave de plus
Attende en gémiſſant vos ordres abſolus?

GENGIS.

Qui connait mieux que moi juſqu'où va ma puiſſance?
Je puis, je le ſai trop, uſer de violence.
Mais quel bonheur honteux, cruel, empoiſonné,
D'aſſujettir un cœur qui ne s'eſt point donné,

De

De ne voir en des yeux, dont on sent les atteintes,
Qu'un nuage de pleurs & d'éternelles craintes,
Et de ne posséder dans sa funeste ardeur
Qu'une esclave tremblante à qui l'on fait horreur !
Les monstres des forêts qu'habitent nos Tartares,
Ont des jours plus sereins, des amours moins barbares.
Enfin, il faut tout dire ; Idamé prit sur moi
Un secret ascendant, qui m'imposait la loi.
Je tremble que mon cœur aujourdhui s'en souvienne.
J'en étais indigné ; son ame eut sur la mienne,
Et sur mon caractère, & sur ma volonté,
Un empire plus sûr, & plus illimité,
Que je n'en ai reçu des mains de la victoire,
Sur cent Rois détronés, accablés de ma gloire.
Voilà ce qui tantôt excitait mon dépit.
Je la veux pour jamais chasser de mon esprit ;
Je me rens tout entier à ma grandeur suprême,
Je l'oublie, elle arrive, elle triomphe, & j'aime.

SCENE V.

GENGIS, OCTAR, OSMAN.

Gengis.

EH bien, que résoud-elle ? & que m'aprenez-vous ?

Osman.

Elle est prête à périr auprès de son époux,

Plu

Plutôt que découvrir l'azile impénétrable,
Où leurs foins ont caché cet enfant misérable.
Ils jurent d'affronter le plus cruel trépas.
Son époux la retient tremblante entre fes bras.
Il foutient fa conftance, il l'exhorte au fuplice.
Ils demandent tous deux que la mort les unifse.
Tout un peuple autour d'eux pleure & frémit d'effroi.

GENGIS.

Idamé, dites-vous, attend la mort de moi?
Ah! raffûrez fon ame, & faites-lui connaître,
Que fes jours font facrés, qu'ils font chers à fon Maître.
C'en eft affez : volez.

SCENE VI.

GENGIS, OCTAR.

OCTAR.

Quels ordres donnez-vous
Sur cet enfant des Rois qu'on dérobe à nos coups?

GENGIS.

Aucun.

OCTAR.

Vous commandiez que nôtre vigilance
Aux mains d'Idamé même enlevât fon enfance.

GEN.

GENGIS.

Qu'on respecte Idamé. Cher Octar, hâte-toi
De forcer son époux à fléchir sous ma loi.
C'est peu de cet enfant, c'est peu de son suplice;
Il faut bien qu'il me fasse un plus grand sacrifice.

OCTAR.

Lui ?

GENGIS.

Sans doute.

OCTAR.

Seigneur, avez-vous pu penser
Qu'à de tels sentiments il puisse s'abaisser ?
Voulez-vous enhardir son audace funeste ?

GENGIS.

Je veux qu'Idamé vive : ordonne tout le reste.
Allons.

OCTAR.

Qu'allez-vous faire ? & quel est votre espoir ?

GENGIS.

De lui parler encor, de l'aimer, de la voir,
D'être aimé de l'ingrate, ou de me venger d'elle,
De la punir ; tu vois ma faiblesse nouvelle.
Emporté, malgré moi, par de contraires vœux,
Je rougis, & j'ignore encor ce que je veux.

Fin du troisième Acte.

ACTE

ACTE IV.

SCENE I.

GENGIS, Troupe de Guerriers Tartares.

Ainsi la liberté, le repos & la paix,
Ce but de mes travaux, me fuira pour jamais ?
Je ne puis être à moi ! D'aujourdhui je commence
A sentir tout le poids de ma triste puissance.
Je cherchais Idamé : je ne vois près de moi
Que ces Chefs importuns qui fatiguent leur Roi.
  (A sa suite.)
Allez ; au pied des murs hâtez-vous de vous rendre ;
L'insolent Coréen ne poura nous surprendre.
Ils ont proclamé Roi cet enfant malheureux :
Et sa tête à la main je marcherai contre eux.
Pour la derniére fois que Zamti m'obéisse ;
J'ai trop de cet enfant différé le supplice.
  (Il reste seul.)
Allez. Ces soins cruels à mon sort attachés,
Gènent trop mes esprits d'un autre soin touchés.
Ce peuple à contenir, ces vainqueurs à conduire,
Des périls à prévoir, des complots à détruire ;
Que tout pése à mon cœur en secret tourmenté !
Ah ! je fus plus heureux dans mon obscurité.

       D   SCE-

SCENE II.
GENGIS, OCTAR.
Gengis.

EH bien, vous avez vû ce Mandarin farouche?
Octar.
Nul péril ne l'émeut, nul respect ne le touche.
Seigneur, en votre nom j'ai rougi de parler
A ce vil ennemi qu'il fallait immoler.
D'un œil d'indifférence il a vu le supplice;
Il répéte les noms de devoir, de justice;
Il brave la victoire : on dirait que sa voix
Du haut d'un Tribunal nous dicte ici des loix.
Confondez avec lui son épouse rebelle.
Ne vous abaissez point à soupirer pour elle;
Et détournez les yeux de ce couple proscrit,
Qui vous ose braver quand la Terre obéit.
Gengis.
Non, je ne reviens point encor de ma surprise.
Quels sont donc ces humains que mon bonheur maitrise?
Quels sont ces sentiments, qu'au fond de nos climats
Nous ignorions encor, & ne soupçonnions pas?
A son Roi, qui n'est plus, immolant la nature,
L'un voit périr son fils sans crainte & sans murmure;
L'autre pour son époux est prête à s'immoler;
Rien ne peut les fléchir, rien ne les fait trembler.

Que

TRAGEDIE.

Que dis-je ? si j'arrête une vue attentive
Sur cette nation désolée & captive,
Malgré moi je l'admire, en lui donnant des fers.
Je vois que ses travaux ont instruit l'Univers ;
Je vois un peuple antique, industrieux, immense ;
Ses Rois sur la sagesse ont fondé leur puissance ;
De leurs voisins soumis heureux Législateurs,
Gouvernant sans conquête, & régnant par les mœurs.
Le Ciel ne nous donna que la force en partage.
Nos Arts sont les combats, détruire est notre ouvrage.
Ah ! de quoi m'ont servi tant de succès divers ?
Quel fruit me revient-il des pleurs de l'Univers ?
Nous rougissons de sang le char de la victoire.
Peut-être qu'en effet il est une autre gloire.
Mon cœur est en secret jaloux de leurs vertus ;
Et vainqueur je voudrais égaler les vaincus.

OCTAR.

Pouvez-vous de ce peuple admirer la faiblesse ?
Quel mérite ont des Arts enfants de la molesse,
Qui n'ont pû les sauver des fers & de la mort ?
Le faible est destiné pour servir le plus fort.
Tout cède sur la Terre aux travaux, au courage ;
Mais c'est vous qui cédez, qui souffrez un outrage ;
Vous qui tendez les mains, malgré votre courroux,
A je ne sai quels fers inconnus parmi nous ;
Vous qui vous exposez à la plainte importune
De ceux dont la valeur a fait votre fortune.

Ces braves compagnons de vos travaux passés,
Verront-ils tant d'honneurs par l'amour effacés ?
Leur grand cœur s'en indigne, & leurs fronts en rougissent.
Leurs clameurs jusqu'à vous par ma voix retentissent.
Je vous parle en leur nom, comme au nom de l'Etat.
Excusez un Tartare, excusez un soldat,
Blanchi sous le harnois, & dans votre service,
Qui ne peut supporter un amoureux caprice,
Et qui montre la gloire à vos yeux éblouis.

GENGIS.

Que l'on cherche Idamé.

OCTAR.

Vous voulez...

GENGIS.

Obéis.

De ton zèle hardi reprime la rudesse ;
Je veux que mes sujets respectent ma faiblesse.

SCENE III.

GENGIS seul.

A Mon sort à la fin je ne puis résister ;
Le Ciel me la destine, il n'en faut point douter.
Qu'ai-je fait, après tout, dans ma grandeur suprême ?
J'ai fait des malheureux, & je le suis moi-même.
Et de tous ces mortels attachés à mon rang,

Avides de combats, prodigues de leur sang,
Un seul a-t-il jamais, arrêtant ma pensée,
Dissipé les chagrins de mon ame oppressée?
Tant d'Etats subjugués ont-ils rempli mon cœur?
Ce cœur lassé de tout demandait une erreur,
Qui pût de mes ennuis chasser la nuit profonde,
Et qui me consolât sur le Trone du Monde.
Par ses tristes conseils Octar m'a révolté.
Je ne vois près de moi qu'un tas ensanglanté
De monstres affamés, & d'assassins sauvages,
Disciplinés au meurtre, & formez aux ravages.
Ils sont nés pour la guerre, & non pas pour ma Cour.
Je les prens en horreur, en connaissant l'amour.
Qu'ils combattent sous moi, qu'ils meurent à ma suite,
Mais qu'ils n'osent jamais juger de ma conduite.
Idamé ne vient point.... c'est elle, je la voi.

SCENE IV.

GENGIS, IDAMÉ.

IDAMÉ.

Quoi! vous voulez jouïr encor de mon effroi?
Ah, Seigneur, épargnez une femme, une mère.
Ne rougissez-vous pas d'accabler ma misère?

GENGIS.

Cessez à vos frayeurs de vous abandonner.

Votre

Votre époux peut se rendre ; on peut lui pardonner.
J'ai déja suspendu l'effet de ma vengeance,
Et mon cœur pour vous seule a connu la clémence.
Peut-être ce n'est pas sans un ordre des Cieux,
Que mes prospérités m'ont conduit à vos yeux.
Peut-être le destin voulut vous faire naître,
Pour fléchir un vainqueur, pour captiver un Maître,
Pour adoucir en moi cette âpre dureté
Des climats où mon sort en naissant m'a jetté.
Vous m'entendez ; je régne, & vous pouriez reprendre
Un pouvoir que sur moi vous deviez peu prétendre.
Le divorce en un mot par mes loix est permis ;
Et le vainqueur du monde à vous seule est soumis.
S'il vous fut odieux, le Trône a quelques charmes ;
Et le bandeau des Rois peut essuyer des larmes.
L'intérêt de l'Etat, & de vos citoyens,
Vous presse autant que moi de former ces liens.
Ce langage sans doute a de quoi vous surprendre.
Sur les débris fumants des Trônes mis en cendre,
Le destructeur des Rois dans la poudre oubliés,
Semblait n'être plus fait pour se voir à vos pieds.
Mais sachez qu'en ces lieux votre foi fut trompée ;
Par un rival indigne elle fut usurpée.
Vous la devez, Madame, au vainqueur des humains.
Témugin vient à vous vingt sceptres dans les mains.
Vous baissez vos regards, & je ne puis comprendre,
Dans vos yeux interdits, ce que je dois attendre.
Oubliez mon pouvoir, oubliez ma fierté ;

Pesez

Pesez vos intérêts, parlez en liberté.

IDAMÉ.

A tant de changements tour à tour condamnée,
Je ne le cèle point, vous m'avez étonnée.
Je vai, si je le peux, reprendre mes esprits;
Et quand je répondrai, vous serez plus surpris.
Il vous souvient du tems, & de la vie obscure,
Où le Ciel enfermait votre grandeur future.
L'effroi des Nations n'était que Témugin;
L'Univers n'était pas, Seigneur, en votre main;
Elle était pure alors, & me fut présentée.
Aprenez qu'en ce tems je l'aurais acceptée.

GENGIS.

Ciel! que m'avez-vous dit? ô Ciel! vous m'aimeriez!
Vous!

IDAMÉ.

J'ai dit que ces vœux que vous me présentiez,
N'auraient point révolté mon ame assujettie,
Si les sages mortels, à qui j'ai dû la vie,
N'avaient fait à mon cœur un contraire devoir.
De nos parents sur nous vous savez le pouvoir;
Du Dieu que nous servons ils sont la vive image;
Nous leur obéissons en tout tems, en tout âge.
Cet Empire détruit, qui dût être immortel,
Seigneur, était fondé sur le droit paternel,
Sur la foi de l'hymen, sur l'honneur, la justice,

Le respect des serments; & s'il faut qu'il périsse,
Si le sort l'abandonne à vos heureux forfaits,
L'esprit qui l'anima ne périra jamais.
Vos destins sont changés, mais le mien ne peut l'être.

GENGIS.

Quoi ! vous m'auriez aimé !

IDAMÉ.

C'est à vous de connaître,
Que ce serait encor une raison de plus,
Pour n'attendre de moi qu'un éternel refus.
Mon hymen est un nœud formé par le Ciel même ;
Mon époux m'est sacré ; je dirai plus, je l'aime.
Je le préfère à vous, au Trône, à vos grandeurs.
Pardonnez mon aveu, mais respectez nos mœurs.
Ne pensez pas non plus que je mette ma gloire
A remporter sur vous cette illustre victoire,
A braver un vainqueur, à tirer vanité
De ces justes refus qui ne m'ont point couté.
Je remplis mon devoir, & je me rens justice ;
Je ne fais point valoir un pareil sacrifice.
Portez ailleurs les dons que vous me proposez,
Détachez-vous d'un cœur qui les a méprisés ;
Et puisqu'il faut toujours qu'Idamé vous implore,
Permettez qu'à jamais mon époux les ignore.
De ce faible triomphe il serait moins flatté,
Qu'indigné de l'outrage à ma fidélité.

GEN-

GENGIS.

Il fait mes sentiments; Madame, il faut les suivre;
Il s'y conformera, s'il aime encor à vivre.

IDAMÉ.

Il en est incapable; & si dans les tourments
La douleur égarait ses nobles sentiments,
Si son ame vaincue avait quelque molesse
Mon devoir & ma foi soutiendraient sa faiblesse.
De son cœur chancelant je deviendrais l'apui,
En attestant des nœuds déshonorés par lui.

GENGIS.

Ce que je viens d'entendre, ô Dieux, est-il croyable?
Quoi! lorsqu'envers vous-même il s'est rendu coupable,
Lorsque sa cruauté, par un barbare effort,
Vous arrachant un fils, l'a conduit à la mort!

IDAMÉ.

Il eut une vertu, Seigneur, que je révère;
Il pensait en Héros, je n'agissais qu'en mère.
Et si j'étais injuste assez pour le haïr,
Je me respecte assez pour ne le point trahir.

GENGIS.

Tout m'étonne dans vous; mais aussi tout m'outrage.
J'adore avec dépit cet excès de courage.
Je vous aime encor plus, quand vous me résistez.
Vous subjuguez mon cœur, & vous le révoltez.
Redoutez-moi; sachez que malgré ma faiblesse,

Ma

Ma fureur peut aller plus loin que ma tendreſſe.

IDAMÉ.

Je ſai qu'ici tout tremble, ou périt ſous vos coups.
Les Loix vivent encor, & l'emportent ſur vous.

GENGIS.

Les Loix ! il n en eſt plus : quelle erreur obſtinée
Oſe les alléguer contre ma deſtinée?
Il n'eſt ici de Loix que celles de mon cœur,
Celles d'un Souverain, d'un Scythe, d'un vainqueur.
Les Loix que vous ſuivez, m'ont été trop fatales.
Oui, lorſque dans ces lieux nos fortunes égales,
Nos ſentiments, nos cœurs l'un vers l'autre emportés,
(Car je le crois ainſi malgré vos cruautés)
Quand tout nous uniſſait, vos Loix que je déteſte,
Ordonnèrent ma honte, & votre hymen funeſte.
Je les anéantis; je parle, c'eſt aſſez;
Imitez l'Univers, Madame, obéiſſez.
Vos mœurs que vous vantez, vos uſages auſtères,
Sont un crime à mes yeux, quand ils me ſont contraires.
Mes ordres ſont donnés; & votre indigne époux
Doit remettre en mes mains votre Empereur & vous.
Leurs jours me répondront de votre obéiſſance.
Penſez-y, vous ſavez juſqu'où va ma vengeance;
Et ſongez à quel prix vous pouvez déſarmer
Un Maître qui vous aime, & qui rougit d'aimer.

SCENE

TRAGÉDIE.

SCENE V.
IDAMÉ, ASSÉLI.

IDAMÉ.

IL me faut donc choisir leur perte ou l'infamie.
O pur sang de mes Rois! ô moitié de ma vie!
Cher époux, dans mes mains quand je tiens votre sort,
Ma voix sans balancer vous condamne à la mort.

ASSÉLI.

Ah! plutôt du Tyran fléchissez la colère;
Ne désespérez point, puisque vous savez plaire.

IDAMÉ.

Dans l'état où je suis, c'est un malheur de plus.

ASSÉLI.

Vous seule adouciriez le destin des vaincus.
Dans nos calamités, le Ciel, qui vous seconde,
Veut vous opposer seule à ce Tyran du Monde.
Vous avez vu tantôt son courage irrité
Se dépouiller pour vous de sa férocité.
Il aurait dû cent fois, il devrait même encore
Perdre dans votre époux un rival qu'il abhorre.
Zamti pourtant respire après l'avoir bravé;

A

A son épouse encor il n'est point enlevé;
On vous respecte en lui; ce vainqueur sanguinaire
Sur les débris du monde a craint de vous déplaire;
Enfin souvenez-vous, que dans ces mêmes lieux
Il sentit le premier le pouvoir de vos yeux;
Son amour autrefois fut pur & légitime.

IDAMÉ.

Arrête; il ne l'est plus; y penser est un crime.

SCENE VI.

ZAMTI, IDAMÉ, ASSÉLI.

IDAMÉ.

AH! dans ton infortune, & dans mon désespoir,
Suis-je encor ton épouse, & peux-tu me revoir?

ZAMTI.

On le veut : du Tyran tel est l'ordre funeste;
Je dois à ses fureurs ce moment qui me reste.

IDAMÉ.

On t'a dit à quel prix ce Tyran daigne enfin
Sauver tes tristes jours & ceux de l'Orphelin?

ZAMTI.

Ne parlons pas des miens, laissons notre infortune.

Un

TRAGEDIE.

Un citoyen n'eſt rien dans la perte commune:
Il ſe doit oublier. Idamé, ſouvien-toi,
Que mon devoir unique eſt de ſauver mon Roi ;
Nous lui devions nos jours, nos ſervices, nôtre être,
Tout juſqu'au ſang d'un fils qui naquit pour ſon Maître ;
Mais l'honneur eſt un bien que nous ne devons pas ;
Cependant l'Orphelin n'attend que le trépas ;
Mes ſoins l'ont enfermé dans ces aziles ſombres,
Où des Rois ſes ayeux on révère les ombres ;
La mort, ſi nous tardons, l'y dévore avec eux.
En vain des Coréens le Prince généreux
Attend ce cher dépôt que lui promit mon zèle.
Etan de ſon ſalut ce miniſtre fidèle,
Etan, ainſi que moi, ſe voit chargé de fers.
Toi ſeule à l'Orphelin reſtes dans l'Univers.
C'eſt à toi maintenant de conſerver ſa vie,
Et ton fils, & ta gloire à mon honneur unie.
Rempliſſons de nos Rois les ordres abſolus.
Je leur donnai mon fils ; je leur donne encor plus.
Libre par mon trépas, va fléchir un Tartare.
Paſſe ſur mon tombeau dans les bras du Barbare.
Je commence à ſentir la mort avec horreur,
Quand ma mort t'abandonne à cet Uſurpateur.
Mais mon Roi le demande ; il le faut, & j'expie,
Par mon juſte trépas, ce ſacrifice impie.
Epouſe le Tyran ſans cet auſpice affreux ;
Tu ſerviras de mére à ton Roi malheureux.

Régne

Régne, que ton Roi vive, & que ton époux meure.
Régne, dis-je, à ce prix : oui, je le veux....

IDAMÉ.

Demeure.
Me connais-tu ? veux-tu que ce funeste rang
Soit le prix de ma honte, & le prix de ton sang ?
Penses-tu que je sois moins épouse que mère ?
Tu t'abuses, cruel; & ta vertu sévère
A commis contre toi deux crimes en un jour,
Qui font frémir tous deux la nature & l'amour.
Barbare envers ton fils, & plus envers moi-même,
Ne te souvient-il plus qui je suis, & qui t'aime ?
Croi-moi : le juste Ciel daigne mieux m'inspirer;
Je puis sauver mon Roi sans nous déshonorer.
Soit amour, soit mépris, le Tyran, qui m'offense,
Sur moi, sur mes desseins, n'est pas en défiance.
Dans ces remparts fumants, & de sang abreuvés,
Je suis libre; & mes pas ne sont point observés.
Le Chef des Coréens s'ouvre un secret passage,
Non loin de ces tombeaux, où ce précieux gage
A l'œil qui le poursuit fut caché par tes mains.
De ces tombeaux sacrés je sai tous les chemins;
Je cours y ranimer sa languissante vie,
Le rendre aux défenseurs armés pour la patrie,
Le porter en mes bras dans leurs rangs belliqueux,
Comme un présent d'un Dieu qui combat avec eux.

Tu mourras, je le fai; mais tout couverts de gloire,
Nous laisserons de nous une illustre mémoire.
Mettons nos noms obscurs au rang des plus grands noms,
Et juge si mon cœur a suivi tes leçons.

ZAMTI.

O Dieu qui l'inspirez, que ton bras la soutienne !
Idamé, ta vertu l'emporte sur la mienne.
Toi seule as mérité que les Cieux attendris
Daignent sauver par toi ton Prince & ton païs.

Fin du quatrième Acte.

ACTE

ACTE V.

SCENE I.

IDAMÉ, ASSÉLI.

ASSÉLI.

Quoi ! rien n'a résisté ! tout a fui sans retour !
Quoi ! je vous vois deux fois sa captive en un jour !
Falait-il affronter ce Conquérant sauvage ?
Sur les faibles mortels il a trop d'avantage.
Une femme, un enfant, des guerriers sans vertu !
Que pouviez-vous hélas ?

IDAMÉ.

      J'ai fait ce que j'ai dû ;
J'ai lutté vainement contre ma destinée ;
Aux fers de mon Tyran le Ciel m'a ramenée ;
C'en est fait.

ASSÉLI.

   Ainsi donc ce malheureux enfant
Retombe entre ses mains, & meurt presque en naissant :
Votre époux avec lui termine sa carrière.

IDAMÉ.

L'un & l'autre bientôt voit son heure dernière.

Si l'arrêt de la mort n'est point porté contre eux,
C'est pour leur préparer des tourments plus affreux.
Mon fils, ce fils si cher, va les suivre peut-être.
Devant ce fier vainqueur il m'a falu paraître ;
Tout fumant de carnage, il m'a fait appeller,
Pour jouir de mon trouble, & pour mieux m'accabler.
Ses regards inspiraient l'horreur & l'épouvante.
Vingt fois il a levé sa main toute sanglante
Sur le fils de mes Rois, sur mon fils malheureux.
Je me suis en tremblant jettée au-devant d'eux.
Toute en pleurs à ses pieds je me suis prosternée ;
Mais lui me repoussant d'une main forcenée,
La menace à la bouche, & détournant les yeux,
Il est sorti pensif, & rentré furieux ;
Et s'adressant aux siens d'une voix oppressée,
Il leur criait vengeance, & changeait de pensée ;
Tandis qu'autour de lui ses barbares soldats
Semblaient lui demander l'ordre de mon trépas.

ASSÉLI.

Pensez-vous qu'il donnât un ordre si funeste ?
Il laisse vivre encor votre époux qu'il déteste ;
L'Orphelin aux bourreaux n'est point abandonné.
Daignez demander grace, & tout est pardonné.

IDAMÉ.

Non, ce féroce amour est tourné tout en rage.
Ah ! si tu l'avais vû redoubler mon outrage,
M'assurer de sa haine, insulter à mes pleurs !

E   ASSE-

ASSÉLI.

Et vous doutez encor d'asservir ses fureurs ?
Ce lion subjugué, qui rugit dans sa chaîne,
S'il ne vous aimait pas, parlerait moins de haine.

IDAMÉ.

Qu'il m'aime ou me haïsse, il est tems d'achever
Des jours que sans horreur je ne puis conserver.

ASSÉLI.

Ah ! que résolvez-vous ?

IDAMÉ.

Quand le Ciel en colère
De ceux qu'il persécute a comblé la misère,
Il les soutient souvent dans le sein des douleurs,
Et leur donne un courage égal à leurs malheurs.
J'ai pris dans l'horreur même où je suis parvenue,
Une force nouvelle à mon cœur inconnue.
Va, je ne craindrai plus ce vainqueur des humains;
Je dépendrai de moi, mon sort est dans mes mains.

ASSÉLI.

Mais ce fils, cet objet de crainte & de tendresse,
L'abandonnerez-vous ?

IDAMÉ.

Tu me rens ma faiblesse,
Tu me perces le cœur. Ah ! sacrifice affreux !
Que n'avais-je point fait pour ce fils malheureux !
Mais Gengis, après tout, dans sa grandeur altiére,

En-

Environné de Rois couchés dans la poussiére,
Ne recherchera point un enfant ignoré,
Parmi les malheureux dans la foule égaré;
Ou peut-être il verra d'un regard moins sévère
Cet enfant innocent dont il aima la mère.
A cet espoir au moins mon triste cœur se rend:
C'est une illusion que j'embrasse en mourant.
Haïra-t-il ma cendre, après m'avoir aimée?
Dans la nuit de la tombe en serai-je opprimée?
Poursuivra-t-il mon fils?

SCENE II.
IDAMÉ, ASSÉLI, OCTAR.

OCTAR.

Idamé, demeurez:
Attendez l'Empereur en ces lieux retirés.
  (A sa suite).
Veillez sur ces enfants; & vous à cette porte,
Tartares, empêchez qu'aucun n'entre & ne sorte.
  (A Asséli).
Eloignez-vous.

IDAMÉ.
Seigneur, il veut encor me voir!
J'obéis, il le faut, je cède à son pouvoir.
Si j'obtenais du moins, avant de voir un Maître,

Qu'un moment à mes yeux mon époux pût paraître,
Peut-être du vainqueur les esprits ramenés
Rendraient enfin justice à deux infortunés.
Je sens que je hazarde une prière vaine.
La victoire est chez vous implacable, inhumaine.
Mais enfin la pitié, Seigneur, en vos climats,
Est-elle un sentiment qu'on ne connaisse pas?
Et ne puis-je implorer votre voix favorable?

OCTAR.

Quand mon Maître a parlé, qui conseille est coupable.
Vous n'êtes plus ici sous vos antiques Rois,
Qui laissaient désarmer la rigueur de leurs Loix.
D'autres tems, d'autres mœurs: ici régnent les armes;
Nous ne connaissons point les prières, les larmes.
On commande, & la Terre écoute avec terreur.
Demeurez, attendez l'ordre de l'Empereur.

SCENE III.

IDAMÉ seule.

Dieu des infortunés, qui voyez mon outrage,
Dans ces extrémités soutenez mon courage.
Versez du haut des Cieux, dans ce cœur consterné,
Les vertus de l'époux que vous m'avez donné.

SCENE IV.

GENGIS-KAN, IDAMÉ.

GENGIS.

Non, je n'ai point assez déployé ma colère,
Assez humilié votre orgueil téméraire,
Assez fait de reproche aux infidélités,
Dont votre ingratitude a payé mes bontés.
Vous n'avez pas conçu l'excès de votre crime,
Ni tout votre danger, ni l'horreur qui m'anime;
Vous que j'avais aimée, & que je dus haïr;
Vous qui me trahissiez, & que je dois punir.

IDAMÉ.

Ne punissez que moi ; c'est la grace derniére,
Que j'ose demander à la main meurtriére,
Dont j'espérais en vain fléchir la cruauté.
Eteignez dans mon sang votre inhumanité.
Vengez vous d'une femme à son devoir fidelle :
Finissez ses tourments.

GENGIS.

    Je ne le puis, cruelle:
Les miens sont plus affreux : je les veux terminer.
Je viens pour vous punir ; je puis tout pardonner.
Moi pardonner?.. à vous!.. non, craignez ma vengeance.
Je tiens le fils des Rois, le votre, en ma puissance.

De vôtre indigne époux je ne vous parle pas ;
Depuis que vous l'aimez, je lui dois le trépas.
Il me trahit, me brave, il ose être rebelle.
Mille morts puniffaient fa fraude criminelle.
Vous retenez mon bras, & j'en fuis indigné.
Oui, jufqu'à ce moment le traître eft épargné.
Mais je ne prétens plus fupplier ma captive.
Il le faut oublier, fi vous voulez qu'il vive.
Rien n'excufe à préfent votre cœur obftiné :
Il n'eft plus votre époux, puifqu'il eft condamné.
Il a péri pour vous ; votre chaine odieufe
Va fe rompre à jamais par une mort honteufe.
C'eft vous qui m'y forcez ; & je ne conçois pas
Le fcrupule infenfé qui le livre au trépas.
Tout couvert de fon fang, je devais fur fa cendre,
A mes vœux abfolus vous forcer de vous rendre.
Mais fachez qu'un Barbare, un Scythe, un deftructeur,
A quelques fentiments dignes de vôtre cœur.
Le deftin, croyez-moi, nous devait l'un à l'autre ;
Et mon ame a l'orgueil de régner fur la vôtre.
Abjurez votre hymen ; & dans le même tems,
Je place votre fils au rang de mes enfans.
Vous tenez dans vos mains plus d'une deftinée ;
Du rejetton des Rois l'enfance condamnée,
Votre époux, qu'à la mort un mot peut arracher,
Les honneurs les plus hauts tout prêts à le chercher,
Le deftin de fon fils, le vôtre, le mien même :
Tout dépendra de vous, puifqu'enfin je vous aime.

           Oui,

Oui, je vous aime encor; mais ne préfumez pas
D'armer contre mes vœux l'orgueil de vos appas.
Gardez vous d'infulter à l'excès de faiblesse,
Que déja mon courroux reproche à ma tendresse.
C'est un danger pour vous que l'aveu que je fais.
Tremblez de mon amour; tremblez de mes bienfaits.
Mon ame à la vengeance est trop accoutumée;
Et je vous punirais de vous avoir aimée.
Pardonnez : je menace encor en foupirant.
Achevez d'adoucir ce courroux qui fe rend.
Vous ferez d'un feul mot le fort de cet Empire:
Mais ce mot important, Madame, il faut le dire.
Prononcez fans tarder, fans feinte, fans détour,
Si je vous dois enfin ma haine ou mon amour.

IDAME.

L'une & l'autre aujourdhui ferait trop condamnable;
Votre haine est injuste, & votre amour coupable.
Cet amour est indigne & de vous & de moi;
Vous me devez justice; & fi vous etes Roi,
Je la veux, je l'attens pour moi contre vous-même.
Je fuis loin de braver votre grandeur fuprême;
Je la rappelle en vous, lorfque vous l'oubliez :
Et vous-même en fecret vous me juftifiez.

GENGIS.

Eh bien, vous le voulez; vous choififfez ma haine,
Vous l'aurez; & déja je la retiens à peine.
Je ne vous connais plus; & mon juste courroux

Me rend la cruauté que j'oubliais pour vous.
Votre époux, votre Prince, & vôtre fils, cruelle,
Vont payer de leur sang votre fierté rebelle.
Ce mot que je voulais les a tous condamnés.
C'en est fait, & c'est vous qui les assassinez.

IDAMÉ.

Barbare!

GENGIS.

    Je le suis; j'allais cesser de l'être.
Vous aviez un amant, vous n'avez plus qu'un Maître,
Un ennemi sanglant, féroce, sans pitié,
Dont la haine est égale à vôtre inimitié.

IDAMÉ.

Eh bien, je tombe aux pieds de ce Maître sévère.
Le Ciel l'a fait mon Roi : Seigneur, je le révère;
Je demande à genoux une grace de lui.

GENGIS.

Inhumaine, est-ce à vous d'en attendre aujourdhui?
Levez-vous : je suis prêt encor à vous entendre.
Pourai-je me flatter d'un sentiment plus tendre?
Que voulez-vous? Parlez.

IDAMÉ.

      Seigneur, qu'il soit permis
Qu'en secret mon époux près de moi soi, admis,
Que je lui parle.

GENGIS.
Vous !
IDAMÉ.
Ecoutez ma priére.
Cet entretien sera ma ressource derniére.
Vous jugerez après si j'ai dû résister.
GENGIS.
Non, ce n'était pas lui qu'il fallait consulter ;
Mais je veux bien encor souffrir cette entrevue.
Je crois qu'à la raison son ame enfin rendue,
N'osera plus prétendre à cet honneur fatal,
De me désobéir, & d'être mon rival.
Il m'enleva son Prince, il vous a possedée.
Que de crimes ! Sa grace est encor accordée.
Qu'il la tienne de vous : qu'il vous doive son sort :
Présentez à ses yeux le divorce ou la mort :
Oui, j'y consens. Octar, veillez à cette porte.
Vous ; suivez-moi. Quel soin m'abaisse & me transporte !
Faut-il encor aimer ? est-ce-là mon destin ?

(Il sort.)

IDAMÉ seule.

Je renais, & je sens s'affermir dans mon sein,
Cette intrépidité dont je doutais encore.

SCENE V.

ZAMTI, IDAMÉ.

IDAMÉ.

O Toi, qui me tiens lieu de ce Ciel que j'implore,
Mortel plus respectable, & plus grand à mes yeux,
Que tous ces Conquérants dont l'homme a fait des Dieux;
L'horreur de nos destins ne t'est que trop connue;
La mesure est comblée, & nôtre heure est venue.

ZAMTI.

Je le sai.

IDAMÉ.

C'est en vain que tu voulus deux fois
Sauver le rejetton de nos malheureux Rois.

ZAMTI.

Il n'y faut plus penser; l'espérance est perdue.
De tes devoirs sacrés tu remplis l'étendue.
Je mourrai consolé.

IDAMÉ.

Que deviendra mon fils?
Pardonne encor ce mot à mes sens attendris:
Pardonne à ces soupirs; ne voi que mon courage.

ZAMTI.

Nos Rois sont au tombeau, tout est dans l'esclavage.
Va,

TRAGEDIE.

Va, croi-moi, ne plaignons que les infortunés,
Qu'à respirer encor le Ciel a condamnés.

IDAMÉ.

La mort la plus honteuse est ce qu'on te prépare.

ZAMTI.

Sans doute: & j'attendais les ordres du Barbare.
Ils ont tardé longtems.

IDAMÉ.

     Eh bien, écoute-moi.
Ne saurons-nous mourir que par l'ordre d'un Roi?
Les taureaux aux Autels tombent en Sacrifice;
Les criminels tremblants sont trainés au suplice;
Les mortels généreux disposent de leur sort.
Pourquoi des mains d'un Maître attendre ici la mort?
L'homme était-il donc né pour tant de dépendance?
De nos voisins altiers imitons la constance.
De la Nature humaine ils soutiennent les droits,
Vivent libres chez eux, & meurent à leur choix.
Un affront leur suffit pour sortir de la vie,
Et plus que le néant ils craignent l'infamie.
Le hardi Japonnois n'attend pas qu'au cercueil
Un Despote insolent le plonge d'un coup d'œil.
Nous avons enseigné ces braves Insulaires;
Apprenons d'eux enfin des vertus nécessaires;
Sachons mourir comme eux.

            ZAM-

L'ORPHELIN DE LA CHINE,

ZAMTI.

Je t'aprouve : & je crois
Que le malheur extrême est au-dessus des Loix.
J'avais déja conçu tes desseins magnanimes ;
Mais seuls & désarmés, esclaves & victimes,
Courbés sous nos Tyrans, nous attendons leur coups.

IDAMÉ (*en tirant un poignard.*)

Tien, sois libre avec moi ; frape & délivre-nous.

ZAMTI.

Ciel !

IDAMÉ.

Déchire ce sein, ce cœur qu'on déshonore.
J'ai tremblé que ma main, mal affermie encore,
Ne portât sur moi-même un coup mal assuré.
Enfonce dans ce cœur un bras moins égaré ;
Immole avec courage une épouse fidelle ;
Tout couvert de mon sang tombe & meurs auprès d'elle.
Qu'à mes derniers moments j'embrasse mon époux ;
Que le Tyran le voye, & qu'il en soit jaloux.

ZAMTI.

Grace au Ciel jusqu'au bout ta vertu persévère.
Voila de ton amour la marque la plus chère.
Digne épouse, reçoi mes éternels adieux ;
Donne ce glaive, donne, & détourne les yeux.

IDA-

IDAMÉ (*en lui donnant le poignard.*)

Tien; commence par moi; tu le dois; tu balances!

ZAMTI.

Je ne puis.

IDAMÉ.

Je le veux.

ZAMTI.

Je frémis.

IDAMÉ.

Tu m'offenses.
Frape, & tourne sur toi tes bras ensanglantés.

ZAMTI.

Eh bien, imite moi.

IDAMÉ (*lui saisissant le bras.*)

Frape, dis-je...

SCENE VI.

GENGIS, OCTAR, IDAMÉ, ZAMTI, Gardes.

GENGIS *accompagné de ses Gardes, & désarmant Zamti.*

ARrêtez.
Arrêtez, malheureux! O Ciel! qu'alliez-vous faire?

IDA-

IDAMÉ.

Nous délivrer de toi, finir notre misère,
A tant d'atrocités dérober notre sort.

ZAMTI.

Veux-tu nous envier jusques à notre mort?

GENGIS.

Oui... Dieu, Maître des Rois, à qui mon cœur s'adresse,
Témoin de mes affronts, témoin de ma faiblesse,
Toi qui mis à mes pieds tant d'Etats, tant de Rois,
Deviendrai-je à la fin digne de mes exploits?
Tu m'outrages, Zamti, tu l'emportes encore,
Dans un cœur qui m'aima, dans un cœur que j'adore.
Ton épouse à mes yeux, victime de sa foi,
Veut mourir de ta main plutôt que d'être à moi.
Vous aprendrez tous deux à soufrir mon empire,
Peut-être à faire plus.

IDAMÉ.

Que prétens-tu nous dire?

ZAMTI.

Quel est ce nouveau trait de l'inhumanité?

IDAMÉ.

D'où vient que notre arrêt n'est pas encor porté?

GENGIS.

Il va l'être, Madame, & vous allez l'aprendre.

Vous

Vous me rendiez justice, & je vai vous la rendre.
A peine dans ces lieux je crois ce que j'ai vû.
Tous deux je vous admire, & vous m'avez vaincu.
Je rougis sur le Trône où m'a mis la victoire,
D'être au-dessous de vous au milieu de ma gloire.
En vain par mes exploits j'ai sû me signaler ;
Vous m'avez avili ; je veux vous égaler.
J'ignorais qu'un mortel pût se domter lui-même ;
Je l'aprens ; je vous dois cette gloire suprême.
Jouissez de l'honneur d'avoir pû me changer.
Je viens vous réunir ; je viens vous protéger.
Veillez, heureux époux, sur l'innocente vie
De l'enfant de vos Rois, que ma main vous confie.
Par le droit des combats j'en pouvois disposer ;
Je vous remets ce droit, dont j'allais abuser.
Croyez qu'à cet enfant heureux dans sa misère,
Ainsi qu'à votre fils, je tiendrai lieu de père.
Vous verrez si l'on peut se fier à ma foi.
Je fus un Conquérant, vous m'avez fait un Roi.

(*à Zanti.*)

Soyez ici des Loix l'interprète suprême ;
Rendez leur Ministère aussi saint que vous-même ;
Enseignez la raison, la justice, & les mœurs.
Que les peuples vaincus gouvernent les vainqueurs.
Que la sagesse régne, & préside au courage.
Triomphez de la force ; elle vous doit hommage.
J'en donnerai l'exemple, & votre Souverain

Se

Se soumet à vos loix les armes à la main.

IDAMÉ.

Ciel! que viens-je d'entendre? Hélas! puis-je vous croire?

ZAMTI.

Etes-vous digne enfin, Seigneur, de votre gloire?
Ah! vous ferez aimer votre joug aux vaincus.

IDAMÉ.

Qui put vous inspirer ce dessein?

GENGIS.

                                Vos vertus.

Fin du cinquième & dernier Acte.

LETTRE

A MR. J.ean J.acques R.ousseau C.itoyen D.e G.enève

J'Ai reçu, Monsieur, votre nouveau livre contre le Genre humain ; je vous en remercie. Vous plairez aux hommes à qui vous dites leurs vérités, & vous ne les corrigerez pas. On ne peut peindre avec des couleurs plus fortes les horreurs de la Societé humaine, dont nôtre ignorance & nôtre faiblesse se promettent tant de consolations. On n'a jamais tant employé d'esprit à vouloir nous rendre bêtes. Il prend envie de marcher à quatre pattes, quand on lit vôtre ouvrage. Cependant, comme il y a plus de soixante ans que j'en ai perdu l'habitude, je sens malheureusement qu'il m'est impossible de la reprendre : & je laisse cette allure naturelle à ceux qui en sont plus dignes que vous & moi. Je ne peux non plus m'embarquer, pour aller trouver les Sauvages du Canada ; premiérement, parce que les maladies dont je suis accablé me retiennent auprès du plus grand Médécin de l'Europe, & que je ne trouverais pas les mêmes secours chez les Missouris : secondement, parce que la guerre est portée dans ces pays-là, & que les exemples de nos Nations ont rendu les Sauvages presque aussi méchants que nous. Je me borne à être un

F   Sauva-

Sauvage paisible dans la solitude que j'ai choisie, au près de vôtre patrie, où vous êtes tant desiré.

Je conviens avec vous que les Belles-Lettres & les Sciences ont causé quelquefois beaucoup de mal. Les ennemis du *Taffe* firent de sa vie un tiffu de malheurs, ceux de *Galilée* le firent gémir dans les prisons à soixante & dix ans, pour avoir connu le mouvement de la Terre; & ce qu'il y a de plus honteux, c'eft qu'ils l'obligèrent à se rétracter. Vous savez quelles traverses vos amis effuièrent quand ils commencèrent cet ouvrage auffi utile qu'immenfe de l'Enciclopédie, auquel vous avez tant contribué.

Si j'ofais me compter parmi ceux dont les travaux n'ont eu que la perfécution pour récompenfe, je vous ferais voir des gens acharnés à me perdre, du jour que je donnai la Tragédie d'*Oedipe* ; une bibliothèque de calomnies imprimées contre moi ; un homme qui m'avait des obligations affez connues, me payant de mon fervice par vingt libelles ; un autre beaucoup plus coupable encor, faifant imprimer mon propre ouvrage du *Siécle de Louis XIV.* avec des notes dans lefquelles la plus craffe ignorance vomit les plus infames impoftures : un autre qui vend à un Libraire quelques chapitres d'une prétendue *Hiftoire univerfelle* fous mon nom, le Libraire affez avide pour imprimer ce tiffu informe de bévues, de fauffes dattes, de faits & de noms eftropiés ; & enfin des hommes affez injuftes pour m'imputer la publication de cette rapfodie. Je vous ferais voir

la

là Société infectée de ce nouveau genre d'hommes inconnus à toute l'Antiquité, qui ne pouvant embrasser une profeſſion honnète, ſoit de manœuvre, ſoit de laquais, & ſachant malheureuſement lire & écrire, ſe font Courtiers de Littérature, vivent de nos ouvrages, volent des manuſcrits, les défigurent, & les vendent. Je pourais me plaindre que des fragments d'une plaiſanterie faite il y a près de trente ans ſur le même ſujet que *Chapelain* eut la bêtiſe de traiter férieuſement, courent aujourdhui le monde par l'infidélité & l'avarice de ces malheureux qui ont mêlé leurs groſſiéretés à ce badinage, qui en ont rempli les vuides avec autant de ſotiſe que de malice, & qui enfin au bout de trente ans vendent partout en manuſcript ce qui n'apartient qu'à eux, & qui n'eſt digne que d'eux. J'ajouterais qu'en dernier lieu on a volé une partie des matériaux que j'avais raſſemblez dans les Archives publiques, pour ſervir a l'hiſtoire de la guerre de 1741. lorſque j'étais Hiſtoriographe de France; qu'on a vendu à un Libraire de Paris ce fruit de mon travail; qu'on ſe faiſit à l'envi de mon bien, comme ſi j'étais déja mort; & qu'on le dénature pour le mettre à l'encan. Je vous peindrais l'ingratitude, l'impoſture & la rapine me pourſuivant depuis quarante ans juſqu'au pied des Alpes, & juſqu'au bord de mon tombeau. Mais que conclurai-je de toutes ces tribulations? Que je ne dois pas me plaindre, que *Pope*, *Deſcartes*, *Bayle*, *le Camoüens*, & cent autres, ont eſſuyé les mêmes injuſtices & de plus grandes; que cette deſtinée eſt celle de preſque tous ceux que l'amour des Lettres a trop séduits.

Avouez, en effet, Monsieur, que ce sont-là de ces petits malheurs particuliers, dont à peine la Societé s'aperçoit. Qu'importe au genre humain que quelques frèlons pillent le miel de quelques abeilles ? Les gens de lettres font grand bruit de toutes ces petites querelles ; le reste du monde ou les ignore, ou en rit.

De toutes les amertumes répandues sur la vie humaine, ce sont-là les moins funestes. Les épines attachées à la Littérature, & à un peu de réputation, ne sont que de fleurs en comparaison des autres maux qui de tout tems ont inondé la Terre. Avouez que ni *Ciceron*, ni *Varron*, ni *Lucrèce*, ni *Virgile*, ni *Horace*, n'eurent la moindre part aux proscriptions. *Marius* était un ignorant. Le barbare *Sylla*, le crapuleux *Antoine*, l'imbécille *Lépide*, lisaient peu *Platon* & *Sophocle* ; & pour ce Tyran sans courage, *Octave Cépias*, surnommé si lâchement *Auguste*, il ne fut un détestable assassin, que dans les tems où il fut privé de la Societé des gens de Lettres.

Avouez que *Pétrarque*, & *Bocace* ne firent pas naître les troubles de l'Italie. Avouez que le badinage de *Marot* n'a pas produit la *St. Barthelemi*, & que la Tragédie du *Cid* ne causa pas les troubles de la Fronde. Les grands crimes n'ont guère été commis que par de célèbres ignorants. Ce qui fait, & fera toujours de ce monde une vallée de larmes, c'est l'insatiable cupidité, & l'indomtable orgueil des hommes depuis *Tha-*

mas

mas Kouli-Kan, qui ne savait pas lire, jusqu'à un Commis de la Douane qui ne fait que chiffrer. Les Lettres nourissent l'ame, la rectifient, la consolent ; elles vous servent, Monsieur, dans le tems que vous écrivez contre elles ; vous êtes comme *Achille* qui s'emporte contre la gloire, & comme le Pére *Mallebranche* dont l'imagination brillante écrivait contre l'imagination.

Si quelqu'un doit se plaindre des Lettres, c'est moi, puisque dans tous les tems, & dans tous les lieux, elles ont servi à me persécuter. Mais il faut les aimer malgré l'abus qu'on en fait, comme il faut aimer la Société, dont tant d'hommes méchants corrompent les douceurs ; comme il faut aimer sa patrie, quelques injustices qu'on y essuye, comme il faut aimer & servir l'Etre Suprême, malgré les superstitions, & le fanatisme qui deshonorent si souvent son culte, &c.

CHANGEMENTS

Faits à la Tragédie de l'Orphelin de la Chine, pendant le cours des représentations.

Page 8. après ce vers.

Aux lieux où l'Océan ceint ce triste Univers,

Otez ce qui suit ; & mettez :

La Terre a des déserts & des antres sauvages.
Portons-y ces enfans, tandis que les ravages
N'inondent point encor ces aziles sacrés,
Eloignés des vainqueurs, & peut-être ignorés, &c.

Page 59. après ce vers.

Ma voix sans balancer vous condamne à la mort.

Otez ce qui suit ; & mettez :

ASSÉLI.

Ah ! reprenez plutôt cet Empire suprême,
Qu'aux beautés, aux vertus attacha le Ciel même,
Ce pouvoir qui soumit ce Scythe furieux
Aux loix de la raison qu'il lisait dans vos yeux ;
Longtems accoutumée à domter sa colère,
Que ne pouvez-vous point, puisque vous savez plaire? &c.

Page 61. ligne pénultième.

sans, *lisez* sous.